대한민국 대표 브랜드

한글

대한민국 대표 브랜드 **한글**

초판인쇄_	2013년 10월 1일
초판발행_	2013년 10월 7일
지은이_	김미경
회장_	엄호열
펴낸이_	엄태상
펴낸곳_	한글파크(랭기지플러스)
책임편집_	권이준
본문디자인_	이건화
표지디자인_	서동화
본문편집조판_	양정경
등록일자_	2000년 8월 17일
등록번호_	1-2718호
주소_	서울시 강남구 역삼동 826-28 범추빌딩 14층
전화_	도서 내용 문의 (02) 764-1009
	도서 주문 문의 (02) 3671-0582
팩스_	(02) 3671-0500
홈페이지_	http://www.langpl.com
이메일_	info@langpl.com

ISBN 978-89-5518-076-3 03700

'IT 강국' 한국을 만든 한글의 힘!

대한민국
대표 브랜드

한글

저자
김미경 교수

sısʌEdu™
(주)한글파크™

한글에 담겨 있는 창의성과 민주성

『대한민국 대표 브랜드 한글』이 출판된 지 7년이 지났다. 영어학자가 한글에 대해 이야기한다는 것은 양면적인 효과가 있었다. 하나는 일반 독자들의 호기심을 불러일으키기에 좋은 소재였다는 것이다. 영어학자가 어떻게 또는 왜 한글에 관심을 가지게 되었느냐는 질문을 계속 받으면서, 독자들이 기다렸던 한글 이야기는 민족주의와 연결된 한국인의 이야기가 아니라, 세계의 조류에 대해 열린 마음을 가진 중립적인 학자의 이야기였다는 것을 확인할 수 있었다.

다른 하나는 한글이 이제 더 이상 국어학자들만의 연구 대상이 아니라 모든 분야의 한국인들이 논의하고 활용하는 실용물이라는 것을 보여주는 계기가 되었다는 것이다. 『대한민국 대표 브랜드 한글』이 출판된 것과 같은 시기에 이상봉 디자이너가 한글을 주제로 한 의상 디자인으로 세계적인 주목을 받기도 했다.

한글을 전공하지 않은 영어학자가 한글에 대해 이야기하는 것에 부담스러운 마음이 없었다면 거짓말이다. 그러나 국어학자들이 보내주신 지지는 출판 초기의 우려를 지우기에 충분했다. 책이 출판된 후에 가장 먼저 연락을 주신 분은 당시 국립국어원장을 역임하시던 이상규 교수님이었다. 그분은 밑줄을 그어놓은 책을 펴고, 한글을 정보교환의 효율성과 정보획득의 민주성이라는 관점에서 살펴보아야 한다는 부분을 다시 한 번 읽기까지 하셨

5

다. 그 후 얼마 지나지 않아 (故) 박창해 교수님의 전화를 받았다. 그분은 광복 직후 우리나라 국어교육의 근간을 세운 국어학자였다. 우리가 초등학교에서 처음 배운 '영희야 놀자, 바둑아 놀자'로 시작되는 국어교과서를 집필하시기도 했다. 90이 넘은 연세에도 또렷또렷한 목소리로 "책을 밤을 새우며 하룻밤에 다 읽었습니다. 한글을 이렇게 정리해준 것에 대해 국어학자로서 감사의 마음을 전하고 싶습니다."라고 말씀하셨다. 그 외에도 많은 국어학자를 포함한 여러 독자들의 격려 덕분에 『대한민국 대표 브랜드 한글』은 2007년 문화관광부의 우수학술도서로 선정되는 영광도 누렸다.

일반 독자들의 공통된 반응은 두 가지였다. 하나는 "책을 하루 만에 다 읽었어요."이고, 다른 하나는 "책을 읽고 한국인으로서의 자긍심을 느끼게 되었어요."였다. 영문학자이셨던 나의 아버님은 "네 책을 읽고 내가 애국자가 되었다."라고 하셨다. 독자에 따라 어떤 사람은 자긍심으로, 어떤 사람은 애국심으로 표현하지만 한글의 진가를 알게 되었을 때 사람들이 느끼는 감동의 크기는 나이에 상관없이, 민족에 상관없이 모두 같으리라 믿는다.

세계 언어학자들이 한글에 감탄하는 이유는 한글의 제자원리에 담겨 있는 창의적인 아이디어와 디자인 때문이다. 영어 교수인 댄 로즈는 외국인들뿐만 아니라 한국인들 스스로가 한국인은 특별히 창의력이 없다고 생각하는 것에 놀랐다고 말한 적이 있다. 한글에 담겨 있는 창의성을 이해하면, 이런 잘못된 자기 족쇄에서 벗어나 한국인의 정신 속에 내재된 창의력을 마음껏 발휘하게 될 것이다.

그러나 많은 사람들이 한글을 사랑하는 더 큰 이유는 한글의 민주성 때문이다. 지난 60년이라는 짧은 기간 동안 한국인들은 2천 년을 지배해온 한자의 위력을 극복하고, 오늘의 정보민주화를 이루었다. 한글전용을 이루어낸 한국인들의 진취성과 한글전용으로 가속되고 있는 한국인의 정보화 능력도 한글의 민주성이 뒷받침되었기에 가능한 일이다.

올해부터 한글날이 공휴일로 지정되어 기념된다고 한다. 지금 한글은 7년 전에는 생각하지 못했던 최고의 위상을 누리고 있다. 그러나 한글이 최상의 대접을 받는 것에 반해, 한글로 전달되는 정보의 빈약함을 바라보며 '세종대왕이 살아계셨다면 지금 무슨 일을 하고 싶어 하실까?'를 헤아려본다.

『대한민국 대표 브랜드 한글』의 개정판을 준비하며, 한글이 아무리 훌륭한 문자라고 하더라도 숭배되어야 하는 우상이 아니며, 처음부터 끝까지 한글이 존재하는 이유는 한국어를 표기하기 위한 도구로 사용되기 위한 것이라는 사실을 확인하는 통로가 되기를 바란다. 그릇이 아무리 좋아도 담기는 음식보다 중요할 수 없는 것처럼 한글보다 더 중요한 것은 한국어로 전달되는 정보의 양과 질이라는 것을 이해하고 실천하는 가교가 되기를 희망한다.

개정판의 출간을 흔쾌히 허락해주신 한글파크의 엄호열 회장님과 정성을 다해 편집 작업을 도와주신 한글파크 가족 여러분께 깊은 감사를 드리며, 한글을 사랑하는 모든 독자와 함께 출간의 기쁨을 나누고 싶다.

2013년 9월
대덕밸리 연구실에서
김미경

한글은 완성품이 아닌
진화 과정에 있는 문자이다

2006년 가을이었다. 당시에는 국립국어원 원장직을 맡고 있었고, 그 때문에 국어나 한글과 관련된 것에 대해서라면 어느 때보다 많은 관심을 가질 수밖에 없는 시기였다. 광화문에 있는 한 서점에서 새로 나온 책 한 권을 구입했는데, 그 책이 바로 김미경 교수가 쓴 『대한민국 대표 브랜드 한글』이었다. 그날 밤을 새워 200여 쪽에 이르는 책을 다 읽었다. 국어학자가 아닌 영어학자가 그려 낸 '한글' 이야기는 나에게 신선한 충격을 던져 주었다. 나는 다음날부터 이 책을 많은 사람들에게 읽어 보라고 권하기도 하고 직접 구입해 선물로 나누어 주기도 했다.

세월은 건너 뛰어 김 교수는 개정판을 간행한다는 이야기와 함께 추천의 글을 부탁하였다. 망설이지 않고 축하의 말 대신 이 글을 보낸다.

지식과 정보를 서로 협력하여 공유한다면 엄청난 집단 지성의 발전을 꾀할 수 있다는 것을 우리는 이미 알고 있다. 하지만 우리는 그러한 발전을 이끌 핵심 기술이 아주 가까이에 있었음을 눈치 채지 못했다. 곧 지식과 정보의 축적은 문자라는 매체 덕분이며, 이를 통한 유효한 소통의 한 형식으로 우리는 '한글'이라는 원천 기술을 보유하고 있다는 사실을 간과하고 살았던 것이다.

이 세상에 존재하는 언어 예술 작품이나 그 어떤 창조적인 지식과 정보도 언어라는 징검다리를 건너지 않으면 무위에 지나지 않는다. 최근에는 영상, 소리, 그림, 몸짓 등 다양한 방식을 통하여 사람들의 상상적 표현과 지식·정보를 전달할 수 있는 매체의 진화가 이루어졌다. 그러나 이들을 갈무리하고 나누는 일은 문자의 몫이라는 것은 부인할 수 없다.

그러한 측면에서 세종이 창제한 한글은 지식·정보를 갈무리하여 다음 세대로 이어주는 우리의 유일한 방식이자, 우리가 그동안 축적해 온 창의적 경험과 기억을 간직한 창고이기도 하다. 오늘날처럼 이렇게 넘쳐나는 다양한 지식·정보를 한 개인의 머리 속에 모두 기억할 수는 없다. 따라서 우리는 일상생활에서 꼭 필요한 정보와 지식을 정보기기를 통해 쉽게 검색하고 활용할 수 있는 기반을 마련해야 하며, 이를 통해 개인의 효율성 제고와 국가 경쟁력의 든든한 기반을 구축해야 한다. 이런 일을 하기에 한글만큼 좋은 도구가 또 있을까?

한글은 한국 문화의 찬란한 빛을 밝히는 등불이다. 한글을 창조한 세종의 위대함에 대해서는 두 말할 나위도 없으며, 그 이후에도 한문과 한자의 권위에 억눌렸던 한글이 모든 계층을 뛰어넘는 소통의 방식이 되도록 국가 문자 정책의 획기적인 전환을 시도한 고종과 박정희 대통령의 노력은 그들의 역사적 혹은 정치적 공과를 떠나 한국이 민주화와 지식 경쟁력을 갖춘 선진 국으로 진입하는 길을 열어 주었다는 점에서 제대로 평가받아야 할 일이다. 우리말을 우리 문자로 자유롭게 쓰게 하는 일, 더 나아가 문자가 없는 세계

인들에게 그들이 소통할 수 있는 문자를 제공하는 일은 이전에 없었던 최고의 문화 복지 정책이 아닐 수 없다.

우리는 변두리 사람들의 경험을 방치하고 그들의 체험과 기억을 은폐해 온 중심주의적 언어관에 사로잡혀 살았다. 이러한 측면에서 우리는 언어의 다양성을 중시하고 한글이 창조적으로 진화해야 한다는 김미경 교수의 목소리를 귀담아 들어야 한다. 한글은 완성품이 아닌 진화 과정에 있는 문자일 뿐이다. 언어 정보 처리 기술력을 발전시켜 한글로 담아내지 못하는 전문용어나 한자 어휘 등을 다듬어 소통의 물길을 열어내고, 문자와 음성 언어가 호환될 수 있는 정보화에도 국가적 지원이 있어야 한다. 언어는 주술이다. 언어로 담아내는 인간의 정신을 보다 더 건강하고 밝게 할 수 있는 환경으로 만들어야 한다. 황폐해져 가는 소통 언어의 질적인 향상을 위해서도 우리 모두 함께 힘과 슬기를 모아야 할 것이며 그러한 축제의 비전이 이 책 속에 담겨 있다고 나는 믿는다.

마침 올해는 한글날을 국경 공휴일로 보내는 해이기도 하다. 진심으로 이 책의 개간을 축하드리며, 많은 국민들이 이 글을 함께 읽어 보기를 권한다.

이상규(경북대학교 국어국문학과 교수)

이 책은 우리를 한글의 의미에 대한 근본적인 질문으로 이끄는 훌륭한 전환점이다

현대 구조주의 언어학의 창시자인 페르디낭 드 소쉬르는 "개인과 사회의 삶에서 언어는 다른 어떤 것보다 중요한 요소이다. 언어 연구가 소수의 전문가들의 영역으로만 여겨지는 것은 용인하기 어려운 일이다."라고 말했다.

마찬가지로 한글과 한국어의 문제는 한국인들에게 매우 중요한 일이며, 국어학 전공 교수들의 영역으로만 남을 수 없다. 한국에서 학문 영역을 나누는 벽은 높고도 두껍다. 한국 사회에서 한글과 한국어 그리고 언어 전반에 대한 폭넓은 학제간의 논의가 요구되는 시점에서 『대한민국 대표 브랜드 한글(개정판)』은 환영받을 반가운 저서이다.

영어학자인 김 교수는 한글의 역사 그리고 한글의 중요성과 관련된 여러 가지 중요한 논점들을 이해하기 쉬운 언어로 새로운 관점에서 매우 흥미롭게 접근하고 있다. 내가 한국어 역사와 현대 한국 문학을 공부하면서 항상 놀라웠던 한 가지는 한국인들이 한글의 우수성에 대해 열광적인 찬양을 보내면서도 정작 무엇이 한글을 그토록 위대하게 만든 것인가에 대해서는 전반적으로 무지하다는 기이한 불일치였다. 그러나 우수성 담론과 일반 대중의 무지 사이에 존재하는 이러한 단절보다 더 충격적인 것은 한국인들이 한글에 보내는 갈채는 보통 한글날 하루에 국한되어 있고, 나머지 날들에는 모든 시간과 돈을 영어에 들이고 있다는 사실이다. 그리고 한국 사회에 널리 퍼져있는 한글과 한국어를 구분하지 못하는 혼동은 특별한 형태의 문자 민족주의를 야기시키는데, 이것은 세계인들에게 한국과 한국문화, 한국어와 훌륭한 문자인 한글을 알리는데 도움이 되기보다는 해가 된다.

김 교수는 이 책에서 문자 민족주의의 위험성을 민감하게 감지하면서, 다양한 주제를 균형감 있게 다루고 있다. 독자들은 구텐베르크 활자와 한글의 발명 뒤에 숨겨진 역사적·사회문화적 배경을 이해하게 될 것이다. 또한 한글 자형이 담고 있는 독창적인 디자인 원리에 대한 명확하고도 쉬운 설명을 통해 한글의 우수성을 이해할 수 있을 것이다. 이번 개정판에서 새로 소개되는 미국 선교사 호머 헐버트의 한글 예찬과 옹호에 대한 부분에서는 종종 민족주의적 관점에서 간과되어왔던 새로운 시각에서 19세기 말과 20세기 초에 있었던 한글 확산 활동이 민족을 초월한 초국가적 차원의 사건이었음을 확인하게 될 것이다. 이 책은 세계 다른 지역에서 일어났던 문자의 역사를 비교하며, 문자와 민족 정체성의 관계를 심도 있게 조명하고 있다.

그러나 이 책의 가장 중요한 공헌은 최근 찌아찌아족 사례와 관련하여 떠오른 껄끄러운 문제들, 더 나아가 한글 수출과 문화 제국주의와 관련된 쟁점들에 대하여 새롭게 논의를 시작하고 있다는 점이다. 찌아찌아족 한글 보급의 실패는 한국인들이 특이하게 한글과 한국어를 혼동하는 과정에서 야기되는 문제를 드러내준다. 찌아찌아 한글은 순수하고 선의적인 의도에서 그리고 순전히 과학적이고 문자공학적인 입장에서 시작되었지만, 곧바로 문자 민족주의 혹은 언어 민족주의와 결합된 대중문화정책에 의해 추월당했다. 찌아찌아족이 진정으로 무엇을 원하는지에 대해 우리가 알고 있는 것인지 의심스럽다. 그들에게 필요한 것은 단지 문자였으며, 한국어를 배울 필요가 없었고 현재도 배울 필요를 느끼지 못할지도 모른다. 그러나 세종학당 형태의 한국어 교육이 파문을 일으켰다. 이 책에서 보여준 찌아찌아 한글에 대한 논의는 찌아찌아 프로젝트에 대한 지속적인 지원금이 중단되었을 때, 그 안에는 한글 우수성 담론과 자금 지원 현실 사이에 결정적인 단절과 괴리가 존재하고 있음을 보여준다. 한글과 한국어를 보급하고 수출하고자 하는 한국인들의 대중적인 열망이 확실한 자금 지원으로 이어지는 경우는 매우 드물다. 김 교수가 강조했듯이, 실제적인 경제상황이 중요하다. 찌아찌아족 사람들에게 더 중요한 것은 그들에게 낯선 문자의 우수성이 아니라, 찌아찌아족의 모국어 보존을 위한 경제적 지원일 수 있다.

찌아찌아족 사례와 현재 진행 중인 비슷한 프로젝트들은 더 근본적인 질문을 던지고 있다. 소위 한글의 우수성이 한국의 한국어보급정책을 뒷받침하는 근간이자, 이데올로기적 추진 세력이 될 수 있는가? 혹은 한글의 우수성에 대한 확신과 한글 수출에 대한 소명의식이 또 다른 형태의 문화적 오만인 것은 아닌가? 이런 것들은 포교를 목적으로, 혹은 제국주의에 근거하여 언어나 문자를 보급하려 했던 과거의 제국주의만큼이나 해로운 것이다.

우리에게는 한국인으로서 더 많은 논의와 자아 성찰을 필요로 하는 심오한 질문들이 남아 있다. 『대한민국 대표브랜드 한글』은 우리를 이러한 질문으로 이끄는 훌륭한 전환점이다.

로스 킹(브리티쉬 콜롬비아 대학교 아시아학과장)

세상을 바꾼 세 번의 정보혁명,
그리고 마지막 기회

'더 쉽게, 더 빨리, 더 많이!'

정보를 전달하고자 하는 인류의 노력은 끊임없이 진행되어 왔다. 동굴벽화에서 시작하여 휴대전화의 문자전송에 이르는 긴 역사 속에서 정보교환의 양과 속도가 획기적으로 발전하게 된 전환점이 세 번 있다.

인류가 경험한 첫 번째 정보혁명은 문자의 발명이며, 구텐베르크의 금속활자 인쇄술의 발명이 두 번째 정보혁명이다. 그리고 컴퓨터의 발명과 인터넷을 기반으로 한 오늘의 정보기술이 세 번째 정보혁명이다. 물론 세 가지 혁명 중 백미는 문자이다. 문자의 발명은 다른 모든 정보혁명의 바탕이 되었으며, 오늘날에도 인쇄, 인터넷과 메시지 전송은 모두 문자를 바탕으로 하지 않고는 불가능하다.

세상을 바꾼 세 가지 정보혁명 기술이 **문자, 금속활자 인쇄술, 그리고 컴퓨터와 인터넷**이라는 점은 매우 중요한 의미를 갖는다. 왜냐하면 '붉은 악마'라는 이름으로 함께한 거리응원에서 얻을 수 있었던 자부심보다는 한 차원 높은 자긍심과 발전 가능성을 우리 스스로 확인할 수 있기 때문이다. 한국은 역사 이래 문화적인 우월성이나 무력 또는 경제력으로 세상의 선두에서 본 경험이 없다. 중국이나 인도, 이집트와 같은 찬란한 문명을 탄생시킨 적이 없으며, 칭기즈 칸과 같은 정복자를 중심으로 세계의 대륙을 넘나든 적도 없다. 또한 서구 열강들처럼 식민지를 지배하며 세계의 경제를 움직인 경험도 없다.

그러나 정보기술의 관점에서 본 한국은 언제나 세계 최고의 반열에 있었으며, 현재에도 최선두의 대열에 서 있다. 우리는 세계 최초의 금속활자 인쇄술을 구텐베르크보다 200년이나 앞선 13세기에 발명했으며, 세계의 언어학자들이 인정하는 세계 최고의 문자인 한글을 발명했다. 그리고 현재 우리는 세계에서 가장 빠르고 광범위한 인터넷 문화를 누리고 있다. 우리가 인식을 했든 못했든 간에 상관없이 한국인은 정보기술에 관한 한 언제나 최고의 기술을 발명하고 보유해왔다.

그런데 우리는 왜 이런 최첨단의 기술을 가지고 있으면서도 세계를 바꾸는 정보혁명을 이끌지 못했을까? 구텐베르크의 인쇄술은 혁명이라고 불리지만, 고려의 인쇄술은 혁명이라 불리지 않는다. 구텐베르크의 인쇄물은 서양의 정치, 경제, 종교, 문화에 가히 혁명이라고 불릴 만큼 큰 영향을 미치면서 서양의 문명 자체를 바꾸는 동인이 되었다. 그러나 고려의 인쇄물은 소수 양반들의 전유물에 그쳤을 뿐, 세계 문화사의 흐름을 바꾸는 수단으로 활용되지 못했다.

한글의 경우도 마찬가지이다. 우리는 세상에서 가장 과학적이고 실용적인 한글을 발명하고도 500년 이상을 활용하지 않았다. 학자들은 그리스 알파벳을 민주문자라고 부른다. 누구나 쉽게 배울 수 있는 알파벳은 귀족이나 엘리트 계층만 독점했던 지식과 정보를 일반 시민들과 공유할 수 있게 만들었기 때문이다. 알파벳은 서양의 민주주의를 가능하게 했으며, 오늘날에도 세계 정보화의 중심에 자리 잡고 있다. 반면에 우리는 알파벳보다 진보된 한글을 가지고 있었으면서도 오랫동안 민중의 정보교환과 교육에 활용하지 못했다. 한글을 공식문자로 사용하기 시작한 이후에야 한국의 민주화가 가능했다는 것은 우연의 일치가 아니다.

인쇄술과 한글은 정보혁명의 핵심기술이었다. 그러나 최고의 핵심기술을 발명하고도 그 기술을 충분히 활용하지 못했다는 점은 우리 과거의 한계이다. 어떤 기술이 되었든지, 기술을 가지고 있는 것과 그 기술을 활용하는 것은 별개의 문제이기 때문이다. 아무리 좋은 기술도 그것을 실제로 활용하여 결과를 내지 않는 한 의미가 없다. 아무리 좋은 아이디어나 기술을 가지고 있더라도 그 사회가 그것을 받아들이고 활용할 준비가 되어있지 않으면 아무런 소용이 없다는 말이다. 조선 사회는 지식과 정보를 민중과 함께 공유할 준비가 되어 있지 않았다. 조선은 스스로 보유한 세계 최고 기술의 중요성과 가치를 알아보지 못했으며, 두 번의 정보혁명의 기회를 놓쳤다.

그러나 우리의 운명을 바꿀 수 있는 기회가 다시 한 번 찾아왔다. 21세기에 접어들면서 우리는 다시 한 번 정보혁명의 선두에 설 수 있는 기회를 가지게 되었다. 바로 지금, 한국이 세계에서 가장 활발하게 인터넷 문화를 누리고 있다고 타인들이 인정하고 우리 스스로가 자부하는 이 시점이 정보혁명과 관련하여 우리 역사의 세 번째이자 마지막 기회일지도 모른다. 과거의 교훈을 발판으로 삼아 다시 온 기회를 제대로 활용하여 세계 속으로 커다란 도약을 할 수도 있다. 또는 과거처럼 세계 최고의 도구와 기술을 가지고도 그 가치를 제대로 알지 못해 '박물관의 전시물'로 묻어버린다면 우리는 또다시 세계 역사의 뒤편으로 사라질 수도 있다. 또 한 번의 실패를 원하지 않는 우리는 스스로에게 묻지 않을 수 없다.

"정보산업에서 구텐베르크 인쇄가 성공한 요인은 무엇이며, 반면에 고려 금속활자 인쇄가 실패한 이유는 무엇인가?"
"서구 사회가 알파벳으로 민주화에 성공한 반면, 조선 사회가 한글로 혁명을 일으키지 못한 이유는 무엇인가?"

서양에서 구텐베르크의 인쇄술이 성공할 수 있었던 이유 중의 하나는 로마 알파벳이 있었기 때문이다. 이와 비슷하게 오늘날 한국에서 전자정보문화가 성공할 수 있었던 이유는 한글이 있기 때문이다.

오늘의 한국 사회는 과거의 조선 사회와 다르다. 정보화를 위한 최적의 문자인 한글을 모든 사람이 공기를 호흡하듯 쉽게 사용하고 있다는 점에서 다르다. 일부 엘리트 계층만이 아니라 모든 사람들이 정보의 가치를 경험으로 알고 있다는 점에서도 다르다. 현재 우리나라는 문맹률이 가장 낮은 나라 중 하나이다. 또한 고속 인터넷과 휴대전화를 사용하는 인구의 수와 사용 시간에서 가장 앞선 나라 중 하나이다. 그러나 과거 고려의 활자 인쇄술이 세계 최초라는 기록을 가지고 있다고 해서 정보혁명을 성공시킨 것이 아니듯이, 오늘날 가장 많은 사람들이 많은 시간 동안 가장 빠른 인터넷을 사용한다는 단순한 양적인 거대함이 정보혁명을 성공시키는 지표가 될 수 없다. 우리가 참여하고 있는 '제3의 정보혁명'의 진정한 성공은 빠른 속도와 거대한 양이 아니라, 정보교환의 민주성과 교환되는 정보의 유용성, 그리고 우리가 남기는 콘텐츠의 질에 달려 있다.

과거 우리는 일제를 비롯한 외세로부터 우리 민족의 정체성을 찾기 위한 시각에서 한글을 바라보았다. 그러나 21세기가 시작된 지금은 상황이 달라졌다. 우리는 정보교환의 효율성과 정보획득의 민주성이라는 관점에서 한글을 살펴보아야 할 시점에 와 있다. 정보가 어느 때보다 중요하게 평가되는 21세기 전자정보문화 사회에서 한글은 우리 사회의 경제적 · 문화적 생존을 위한 기본 도구이자 세상에서 가장 훌륭한 도구이기 때문이다.

한글에 대한 이해는 자기 긍정에 목마른 한국인에게 거리응원과는 또 다른 차원의 자긍심과 자신감을 심어줄 수 있는 기회가 될 수 있다. 그리고 한글(문자)의 기능에 대한 이해는 아직 끝나지 않은 제3의 정보혁명에서 성공하기 위하여 우리가 무엇을 해야 하는가를 알려줄 것이다.

I

문맹국 고려의
최첨단 인쇄술

고려의 『직지심경』은 왜
혁명이라 불리지 않는가

서양에서 구텐베르크의 인쇄술 발명은 '혁명'이라고 불린다. 그러나 고려의 금속활자 인쇄술은 구텐베르크보다 200년 이상 빨랐는데도 혁명이라고 불리지 않는다. 그 이유가 뭘까?

1995년 2월, 서방 선진국인 G7 국가의 과학기술부 장관들이 세계정보산업기반 구축에 관한 토론을 벌이기 위하여 브뤼셀에 모였다. 당시 미국의 부통령이었던 엘 고어는 다음의 에피소드로 그 회담의 기조연설을 시작했다.

역사학자이며 나의 절친한 친구인 제임스 부르크가 우리 시대 바로 이전에 일어났던 정보혁명과 그 혁명이 가져온 변혁에 대하여 매우 흥미로운 이야기를 한 적이 있습니다.

500년 전 독일에서 벤처 사업에 실패한 구텐베르크는 자신의 동업자를 달랠 방법을 찾고 있었습니다. 그러던 중 그는 자신의 금세공 기술을 이용하여 가동금속활자를 주조하고 새로운 인쇄방법을 고안했습니다. 그리고 이 인쇄술을 세상에서 가장 잘 팔릴 것으로 생각되는 성경책을 인쇄하는 데 이용했습니다. 이것이 구텐베르크의 성경입니다. 발명이란 백지 상태에서 한 사람의 기발한 발상에 의해 갑자기 나타나는 경우는 거의 없으며, 구텐베르크의 발명도 예외가 아니었습니다.

실제로 세계 최초의 금속활자는 구텐베르크 활자보다 200년 전에 고려에서 발명되었습니다. 그러나 당시 고려의 상황들은 최초의 금속활자가 널리 활용되는 것을 방해했습니다. 유교는 서적의 상품화나 영리화를 허락하지 않았습니다. 궁정의 출판부는 중국의 고전 문헌만을 인쇄했을 뿐이며, 민중에게 더 적합한 그들의 문헌들을 인쇄하지 않았습니다.[1]

---

1) 엘 고어의 G7 국가의 세계정보산업기반 구축 회담의 기조연설(Gore opening speech to G7 Global Information Infrastructure meeting) 중에서, 1995년 2월 26일, 브뤼셀. 엘 고어의 기조연설 전문은 http://mailman.anu.edu.au/pipermail/link/1995-February/021957.html에서 볼 수 있다.

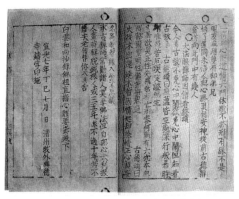

세계 최초의 금속활자 인쇄본: 『직지심경』(1377)

엘 고어는 세계 최초의 금속활자가 고려에서 발명되었다는 이야기로 G7 회담의 문을 열었다. 우리나라 사람들의 대다수도 1234년에 세계 최초로 금속활자본을 인쇄했으며, 유네스코가 인정한 세계 최초의 금속활자본은 고려의 『직지심경』이고, 『직지심경』은 구텐베르크의 성서보다 70여 년 앞선 것[2]이라는 사실을 잘 알고 있다. 그의 서두는 정보화 시대에 한국인의 자존심을 세우기에 충분한 칭찬처럼 들렸다.

---

2) 1234년에 금속활자로 인쇄되었다는 기록을 가지고 있는 『고금상정예문』은 고려 인종 때의 학자인 최윤의가 왕명을 받아 고금의 예문을 편찬한 것으로 모두 50권으로 되어 있다고 하나 지금은 전하지 않는다. 단 고려 고종 때의 문인인 이규보가 엮은 『동국이상국집』에 이 책을 1234년(고종 21)에 금속활자로 찍어냈다는 기록이 있어 세계 최초의 금속활자본으로 추정하고 있으나, 세계에서 공식적으로 인정받지 못했다. 한편 현재 프랑스 국립도서관에 소장되어 있는 『직지심경』은 부처님과 큰스님들의 말씀을 간추려 상하 두 권으로 엮은 책으로, 1377년에 금속활자로 찍은 것으로 현재는 하권 1권만 남아 있다. 『직지심경』은 2001년 유네스코에 세계기록유산으로 등재되었으며, 공식적으로 인정되는 세계 최초의 금속인쇄물이다.

구텐베르크의 최초의 금속활자 인쇄본: 「42행성서」(1455)

그러나 앞뒤 자르고, 누군가의 이야기 중 어느 한 부분만 떼어서 들으면 때때로 상대의 이야기를 왜곡하기 십상이다. 이야기 중의 '그러나'는 언제나 조심할 필요가 있는 접속사이다. 고려 이야기 뒤에 '그러나'로 이어지는 두 문장의 짧은 코멘트는 우리가 아직까지 깊이 생각해 보지 않은 사실을 지적했다. 그는 세계 최초의 금속활자 인쇄는 고려에서 발명되었지만, 세상을 바꾼 정보혁명은 고려에서 시작되지 않았다고 말했다. 고려는 아직 첨단 기술을 활용할 준비가 되어 있지 않았다고 말이다.

우리도 알고 있다. 고려가 세계 최초로 금속활자를 발명했지만 그것을 충분히 활용하지 못했으며, 100여 년 전에 서양의 인쇄술을 역으로 수입해야 했던 인쇄의 역사를 알고는 있다. 다만 엘 고어의 지적이 새롭게 들린 이유는 우리가 두 가지 역사적 사실 중에서 앞부분만 기억하고 있었다는 것을 확인하게 해주었기 때문이다. 우리는 세계 최초의 금속활자를 발명한 조상의 후예라는 것만 기억했을 뿐이며, 우리가 가지고 있었던 최첨단 기술을 활용하지 못했다는 사실은 의식하지 못했다. 그리고 그 이유를 묻지도 않았다.

서양에서 구텐베르크의 인쇄술 발명은 '혁명'이라고 불린다. 왜냐하면 그의 인쇄술이 서구 유럽의 정치와 경제 및 교육 등 사회 전반에 끼친 영향이 어느 쿠데타 못지않게 광범위하고 위력적이었기 때문이다. 저명한 언어학 자인 월터 옹 박사는 인쇄술의 위력을 다음과 같이 요약한 바 있다.

> 엘리자베스 아이젠슈타인의 『변천의 요인으로서의 인쇄기』(1979)를 훑 어보기만 해도 인쇄가 끼친 영향이 얼마나 다양했으며 얼마나 방대했던 가를 충분히 알 수 있다. 인쇄는 이탈리아의 르네상스를 영속적인 유럽 의 르네상스로 바꾸어 놓았고, 프로테스탄트에 의한 종교 개혁을 실현시 켰으며, 가톨릭의 종교적 관행을 전환시켰다. 또 인쇄는 근대 자본주의 발전에도 영향을 미쳐서 서유럽에 의한 전 지구의 탐험을 실현시켰고, 가정생활과 정치를 바꾸었으며, 일반화된 문자성을 진지한 대상으로 삼 았고, 근대 과학의 융성을 가능케 했으며, 그 밖에 갖가지 방법으로 사람 들의 사회적·지적인 생활을 바꾸었다.
> 7, 8세기에 중국, 한국, 일본에서 텍스트가 인쇄되었는데, 그러나 세 계 인쇄술의 역사상 결정적인 발전은 알파벳 활판 인쇄가 15세기 유럽에 서 발명된 일이었다.[3]

구텐베르크의 인쇄술은 프로테스탄트의 종교개혁과 근대 과학의 혁명으 로 이어졌으며, 근대 자본주의 발전과 산업혁명을 일으키는 원동력이 되었 다. 귀족과 엘리트들만 독점했던 지식과 정보가 새로운 계층 전체에 무서운 속도로 확산되었다. 그리고 인쇄술은 무엇보다도 대중 교육을 가능하게 했 다. 구텐베르크의 발명은 말 그대로 혁명이었다.

그러나 고려의 인쇄술은 혁명이라고 불리지 않는다. 그저 무엇이든 세계

---

3) 월터 J. 옹(1995), 『구술문화와 문자문화』, 문예출판사, 180~181쪽.

최고를 지향하는 일등주의를 만족시키는 한 가지 메뉴로서 인용될 뿐, 한국의 역사나 세계의 문화를 바꾼 획기적인 역할을 한 적은 없다. 그 이유가 뭘까? 답은 간단하다. 고려 사회는 실제로 세계 최초로 금속활자를 발명했음에도 불구하고, 그 기술을 우리 사회나 세계의 문화를 변화시킬 만큼 적극적으로 활용한 적이 없기 때문이다. 당연히 이어지는 의문은 이렇다.

"고려의 금속활자 인쇄술은 구텐베르크보다 200년 이상 빨랐는데, 왜 세상을 바꾸는 도구로 사용되지 못했을까? 반면에 구텐베르크의 인쇄술이 혁명적인 결과를 가져올 수 있었던 이유는 무엇일까?"

시대가 부른 혁명,
구텐베르크 혁명

구텐베르크는 굉장한 아이디어를 가지고 있었습니다. 그러나 그의 아이디어가 성공하여 서구 문명을 혁명적으로 변화시킬 수 있었던 이유는 단지 그의 아이디어가 훌륭했기 때문만은 아닙니다. 중요한 것은 인쇄술이 확산될 수 있는 사회적 상황이 무르익었을 때, 자신의 아이디어를 개발했다는 것입니다.[4]

군이 엘 고어의 말을 빌리지 않더라도 우리는 알고 있다. 필요는 발명의 어머니이며, 영웅은 시대가 만드는 것이라는 사실을. 비슷한 능력을 가진 사람들이 많지만 시대를 만난 사람은 영웅이 되고, 때를 만나지 못한 사람은 그 흔적이 미미하거나 아예 자취조차 남기지 못하기도 한다. 한 개인이나 국가가 아무리 좋은 기술을 발명하더라도, 그 사회가 그 기술의 가치를 활용하지 못하면 아무런 소용이 없다. 고려는 금속활자 인쇄술을 발명했지만, 당시의 고려 사회는 이 첨단 기술을 충분히 사용할 준비가 되어있지 않았다.

그러나 유럽은 달랐다. 구텐베르크가 아니었더라도 15세기 유럽에서는 인쇄술이 발명될 수밖에 없었는지도 모른다. 당시 유럽에서는 많은 사람들이 책을 원했으며, 값만 적당하면 책을 살 준비가 되어 있었다. 15세기 유럽은 누군가 빠른 속도로 저렴한 가격의 책을 만드는 방법을 생각해내기만 하면 되는 시기였다. 바로 그 시기에 구텐베르크가 책을 대량생산할 수 있는 방법을 고안해냈다. 당시에 필사본으로 책을 한 권 만드는 데는 한두 달의 시간이 필요했다. 그러나 구텐베르크의 인쇄소는 일주일에 500권을 인쇄할 수 있었다. 구텐베르크는 필사실에 비해 2,000배 이상 빠른 속도로 책을 생산할 수 있게 된 것이다. 동시에 구텐베르크는 책의 가격을 필사본의 천분의 일로 획기적으로 낮출 수 있었다. 이와 같은 속도와 가격은 당시에 책을 요구하는 사람들의 수요와 맞아떨어졌다.

그런데 왜 갑자기 책의 수요가 증가했을까? 당시 유럽에서는 무슨 일이 일어나고 있었던 것일까?

---

4) 엘 고어의 G7 국가의 세계정보산업기반 구축 회담의 기조연설(Gore opening speech to G7 Global Information Infrastructure meeting) 중에서, 1995년 2월 26일, 브뤼셀.

중세에서 근세로 가는 과정에서 유럽에서 일어난 가장 큰 변화 중의 하나는 수도원을 중심으로 발전했던 학문이 교회의 독점으로부터 벗어나기 시작했다는 것이다. 유럽에서는 천 년 이상 수도원이 책의 생산과 학문을 주도했었다. 그러나 중세를 거치면서 무역이 늘어나고 도시가 발달함에 따라 학문은 수도원에서 벗어나기 시작했다. 1350년경에는 대학이 설립되고, 학교 교육이 보급되기 시작했다. 학교에서는 라틴어와 함께 모국어의 읽기와 쓰기도 가르치면서, 그 결과 문맹률이 점점 낮아졌다. 책을 읽을 수 있는 사람들의 수가 점점 늘어났고, 책을 사고 싶어 하는 사람도 증가했다. 구텐베르크의 인쇄술이 발명되기 직전에는 필경사를 고용하여 책을 제작하는 필사실이 독일의 여러 곳에 생겼으며, 필사실은 이미 상당한 수익을 올리는 신흥 사업이 되었다. 그러나 필사본의 가격은 여전히 매우 비쌌고, 필경사가 손으로 필사하는 속도에는 한계가 있었다.

한편 사회적으로는 매우 불안한 상태였다. 구텐베르크가 태어나기 50년 전(1348~1350년)에 흑사병이 유럽 전역에 퍼져 2천5백만~3천5백만 명 이상이 흑사병으로 사망했다. 이는 당시 유럽 인구의 3분의 1에 해당하는 수였다. 오늘날 이 흑사병이 남한에 번졌다면 4천8백만 명의 인구 중에서 1천6백만 명이 죽었다는 것이며, 세계로 번졌다면 65억 중에서 22억 명이 죽었다는 것이니, 그 여파가 어느 정도였을지는 짐작할 수 있다. 흑사병은 이후 수십 년 동안 두 차례나 더 발생하여 사람들을 혼란 속으로 빠뜨렸다. 흑사병이 언제 다시 덮칠지 모른다는 불안과 공포가 확산되었으나, 그 당시에는 병의 원인을 알지 못했다. 공포의 원인을 모를 때 사람들의 두려움은 훨씬 더 크게 증폭되는 법이다. 사람들은 불안한 마음을 달래기 위해 교회에 의존할 수밖에 없었다.

그런 와중에 가톨릭교회는 부패와 분열로 매우 혼란스러웠다. 구텐베르크가 10대이던 1409년부터 1417년까지는 대분열의 시기로 불렸으며, 교황청 내에 교황이 무려 세 명이나 되는 극도의 혼란기였다.[5] 이와 함께 교회의 면죄부 판매는 점점 상업적인 사업이 되고 있었다. 끝이 보이지 않는 교회의 부패와 분열로 기독교인들이 교황과 교회에 대해 느끼는 실망과 분노는 극도로 악화되고 있었다.

그러나 그때까지도 종교와 학문의 중심은 여전히 교회였으며, 기독교인들이 의존할 수 있는 것은 교회밖에 없었다. 당시 교회에서는 성경 이외에도 면죄부, 기도서, 미사전서 등 많은 출판물을 필요로 했다. 이와 함께 돈이 있는 기독교인들은 성경을 구입하여 개인적으로 보관하거나 읽고 싶어했다. 교회와 관련된 출판물에 대한 요구가 증가하고 있을 때, '돈 버는 일'과 '인쇄술 개발'의 두 가지에 모두 관심이 있는 구텐베르크가 있었다.

이처럼 구텐베르크가 인쇄술을 고안하게 된 중요한 동기 중의 하나는 인쇄산업이 경제적 이익을 창출하는 신흥 산업이었기 때문이다. 언제나 '경제'는 세상을 움직이는 가장 강력한 힘 중의 하나이다. 구텐베르크 인쇄술은 대량생산을 가능하게 했다. 그 후 인쇄 기술은 확실하게 돈을 벌 수 있는 최첨단의 핵심기술로 자리매김을 했다. 그러자 많은 사람들이 돈을 벌기 위하여 인쇄산업에 뛰어들어 무서운 속도로 책을 출판하기 시작했다. 구텐베르크의『42행성서』이후 50년 동안 유럽 전역에 수십 군데의 인쇄소가 세워졌다. 이들은 무엇보다도 먼저 수요가 확실한 성서를 출판했다. 대량으로 인쇄된 성서는 싼 가격으로 끝없이 팔려나갔다. 이로 인해 많은 사람들이 부패한 성직자의 입을 통하지 않고 혼자서 직접 성경 말씀을 전해들을 수 있게 되었다. 또한 대중은 성서 이외에도 각 분야의 책들을 구매하여 읽기 시작함으로써 교회의 지식과 정보의 독점 시대는 막을 내렸다. 책의 대량생산

---

5) 존 맨(2003), 『구텐베르크 혁명』, 예지, 62쪽.

은 지식과 정보의 대중화를 가능케 했으며, 우리가 '현대'라고 말하는 오늘
의 모든 것을 가능케 했다.

3_
최첨단 벤처 사업가
구텐베르크

구텐베르크의 인쇄술이 서구 사회의 근대화에 끼친 영향이 너무 컸기 때문에 지금은 구텐베르크가 서양문화사에서 가장 위대한 인물 중한 사람이 되었다. 그러나 구텐베르크가 인쇄술을 발명한 동기는 그렇게 숭고한 것이 아니었다. 구텐베르크는 인쇄술을 발명하여 부패한 기독교를 개혁하겠다거나, 민중 교육을 통하여 민주주의를 실현하겠다거나 하는 의도는 없었다.

존 맨 박사는, "구텐베르크의 목적은 가톨릭교회가 만들어준 대륙의 거대한 시장에서 누구보다도 많은 돈을 벌고자 애쓰는 기업가의 목적과 다르지 않았다."[6]라고 평가한다. 개인 사업의 실패로 재정난에 시달렸던 구텐베르크는 자신이 알고 있던 금속 세공기술을 이용하여 돈을 벌어야만 했고, 그 수단으로 당시에는 새로웠던 인쇄술을 이용했을 뿐이다.

구텐베르크는 1400년경 화폐를 찍어내는 조폐국 훈작사의 아들로 태어났으며, 아버지를 통해 화폐주조 방법을 익혔다. 당시 화폐는 금속 주형을 펀치로 두드려서 만들어 찍어내는 방식이었다. 이 기술은 후에 구텐베르크가 인쇄술을 개발하는 데 꼭 필요한 기술이었다. 아버지 밑에서 비교적 유복하게 생활하던 구텐베르크는 1419년에 아버지가 사망한 후 경제 사정이 점점 악화되었다.

경제적인 문제를 해결하기 위해 구텐베르크가 처음 시도한 것은 금속활자 인쇄가 아니라 금속 배지의 대량생산이었다. 구텐베르크가 30세쯤 되었을 때, 가톨릭교회의 부패와 분열, 그리고 흑사병에 대한 공포로 불안했던 사회적 상황 속에서 많은 사람들이 종교적인 순례여행에 참가했다. 1432년경에는 순례자들이 성당을 방문했다는 징표로 한쪽 면이 둥근 거울 형태의 작은 금속 배지를 사 가는 것이 유행이었다. 이 해에는 하루에 만 명의 순례자들이 성당에 몰려왔으며, 이들 대부분은 순례기념품을 구입하고 싶어 했다. 그러나 수공으로 하루에 생산할 수 있는 양에는 한계가 있었다. 이를 보고 있던 구텐베르크는 자신이 알고 있는 금속 세공기술을 응용하여 이 배지를 대량생산할 계획을 세웠다. 공장을 세우기 위해서는 투자자본이 필요했으며, 1438년 구텐베르크는 세 명의 동업자를 찾아 사업을 시작했다. 그러나 이 사업은 실패로 끝났다. 1438년 여름에 흑사병이 되살아나서 순례여행이 1년간 통제되었고, 배지의 판매가 불가능해졌기 때문이다.

---

6) 존 맨(2003), 앞 책, 22쪽.

구텐베르크(1397~1468)

　1439년 파산한 구텐베르크는 경제적인 재기를 위하여 무슨 방법이든 찾아야만 했다. 비밀리에 인쇄술을 연구해온 구텐베르크는 이 새로운 기술을 가장 먼저 면죄부를 제작하는 데 활용했다. 1452년 추기경 니콜라우스 쿠자누스가 마인츠의 수도원 부원장에게 한 달 안에 면죄부를 2,000장을 준비하라고 명령했다.[7] 구텐베르크는 인쇄술을 이용하여 면죄부를 대량생산해 주었다. 구텐베르크는 면죄부를 제작하여 수입을 올렸지만 자신의 빚을 다 갚을 만큼 많은 돈을 벌지는 못했다.

　이후 구텐베르크는 자신의 인쇄술을 이용하여 한두 가지 사업을 더 벌였다. 그러나 사업은 뜻대로 되지 않았다. 그러자 구텐베르크는 마침내 성서를 인쇄하여 유럽의 교회 전체를 시장으로 삼아 돈을 벌겠다는 원대한 계획을 세웠다. 구텐베르크의 성서는 2년에 걸쳐 두 권짜리로 출판되었다. 이 성

---

7) 로마교회에서는 헌금을 받고 죄를 면제해 주는 제도가 있었는데, 십자군 시대 이후 중세 유럽에서 죄를 범한 사람들의 벌을 면제한다는 명목으로 로마교황청이 신자들로부터 돈을 받고 면죄부를 발행해 주었다. 면죄부를 판매해서 얻은 헌금은 로마교회의 중요한 재원이 되었다.

서는 총 1,275쪽에 달하는 화려한 성경책으로, 모두 180권이 인쇄되었다.[8] 이는 총 23만여 쪽에 달하는 방대한 양으로 당시의 출판업계에서는 그만큼의 종이조차 구경한 적이 없을 정도로 큰 규모의 사업이었다. 구텐베르크는 인쇄본에 대한 거부감을 없애기 위해서는 필사본 성서 못지않게 아름답고 화려한 성서를 만들어야 한다고 생각했다. 이를 위해서 질 좋은 양피지와 아름다운 서체의 활자, 그리고 책을 인쇄할 기계가 필요했다.[9] 구텐베르크는 다시 거금의 자본이 필요했으며, 과거의 동업자였던 푸스트에게 돈을 빌렸다.

구텐베르크가 1455년 발행한 『42행성서』

---

8) 구텐베르크의 성경은 페이지마다 42줄씩 인쇄되어 있어서 『42행성서』라고 불리게 되었으며, 현재 48부가 전해지고 있다.

9) 그 당시는 종이보다 양피지가 더 오랫동안 보관될 수 있다고 믿었다.

1455년 구텐베르크의 『42행성서』가 발행되어 판매되기 시작했다. 그러나 부와 명성이 쌓이기 시작할 무렵, 동업자였던 푸스트가 자신의 돈을 회수하기 위한 소송을 제기했다. 결국 구텐베르크는 성공을 거두기 직전에 자신의 발명품에 대한 권한을 잃었고, 푸스트가 마인츠에서 가장 유력한 인쇄업자가 되었다. 구텐베르크는 그 후에도 여러 종류의 인쇄물을 남겼으며, 60대 중반에 드디어 그 공로를 인정받아 일종의 연금과 기사작위를 받았다. 그러나 구텐베르크는 자신이 개발한 신기술의 위대성에 비하면 큰돈을 벌지 못한 채 1468년 2월 3일 조용히 눈을 감았다.

550여 년이 지난 지금 구텐베르크는 그 어느 때보다 높은 평가를 받고 있다. 존 맨은 서구 세계에서 구텐베르크의 혁명이 얼마나 중요하게 평가되고 있는가를 간결하게 요약했다. 물론 이들이 축하한 것은 구텐베르크라는 한 개인의 탄생이나 인물의 위대성이 아니라 그가 발명한 발명품의 위대성이었다고 존 맨은 말했다.

> 역사가들에게는 구텐베르크 혁명에 대한 연구가 거의 산업화된 상태이다. 즉 이 주제는 많은 대학과 박물관, 연구소, 전시회, 학술회의를 먹여 살리고 있다. 2000년도에는 구텐베르크 탄생 600주년을 맞아 국제적인 축제가 개최되었다. 영국 국립도서관에서 구텐베르크는 밀레니엄의 인물로 꼽혔다. 그의 고향인 마인츠 시에서도 당연히 융숭한 대접을 받았다. 모두가 구텐베르크의 옷 한 자락이라도 움켜쥐려고 애썼다. 일본의 게이오 대학에서도 구텐베르크의 주요 작품-그가 인쇄한 성서-들을 모두 디지털 형식으로 취합하는 일을 도맡았다.[10]

---

10) 존 맨(2003), 『구텐베르크 혁명』, 예지, 19쪽.

문맹국 고려에서 출현한
최첨단 금속활자 인쇄술

독일의 인쇄술은 종교개혁을 이끌어 내는 정신적인 원동력을 제공했을 뿐만 아니라, 성경의 판매로 경제적 이익을 창출하는 신흥 산업이었다. 반면에 고려의 인쇄는 대량생산으로 이어지지 못했으며 상업적으로 성공하지 못했다. 그 이유는 무엇일까?

"고려의 금속활자 인쇄술은 구텐베르크보다 200년 이상 빨랐는데도 혁명이라고 불리지 않는다. 그 이유는 뭘까?"

　고려에서 시작된 이 질문은 조선 500년 동안에도 똑같이 적용되는 질문이다. 15, 16세기는 한반도에서 인쇄문화가 가장 융성했던 시기이다. 조선 초기 태종에서 세조에 이르는 왕들은 활자주조와 인쇄에 누구보다 많은 관심을 보였다. 이들은 조선이라는 나라의 창업 이념을 기록한 책의 인쇄와 보급을 통해 신흥국가의 기반을 닦고, 나아가 선정을 펼칠 수 있는 정당성을 확보할 수 있을 것이라고 믿었다. 그러나 이런 국가적인 차원의 적극적인 후원에도 불구하고, 고려와 마찬가지로 조선의 인쇄도 혁명으로 이어지지 못했다. 왜 그랬을까?

　고려와 유럽의 근본적인 차이는 그 당시 사회에서 사용하던 문자에 있었다. 인쇄술이 발명될 당시 유럽은 알파벳 문자를 사용했지만, 고려는 한자를 사용했다. 알파벳은 누구나 쉽게 배울 수 있는 문자이다. 학문이 수도원의 독점에서 벗어나기 시작하고 학교 교육이 시작된 지 100년 정도의 시간이 흘렀을 때, 유럽에서는 글을 읽을 수 있는 사람의 수가 급격히 증가했다. 이들은 이미 대량 인쇄물의 잠재적인 소비자 그룹을 형성했다. 반면에 한자는 세상에서 배우기에 가장 어려운 문자 중의 하나이다. 이로 인해 한자 인쇄는 기본적으로 소비자 그룹 형성과 소비량에서 커다란 한계를 안고 있었다.

　고려시대의 문맹률에 대한 정확한 통계자료는 없다. 그러나 1690년(숙종 16)까지 양반의 비율이 9.2%에 머물렀던 것으로 보아, 고려시대에 한자 책을 읽을 수 있는 사람은 전체 인구의 5~10% 미만에 불과했던 것으로 추정된다. 결국 한자를 모르는 일반 대중은 책의 수요자가 될 수 없었으며 고려

시대에 책의 소비자는 한자를 아는 양반들로 제한될 수밖에 없었다. 당시 유럽과 비교한다면 고려는 문맹의 나라였다. 고려에서 책이 대량생산되지 않은 이유는 백성의 대다수가 문맹인 고려에서는 책의 대량생산이 필요하지 않았기 때문이다. 문맹이 대다수인 나라에서 세계 최첨단의 인쇄술이 발명되었다는 것이 오히려 신기한 일이다.

소비량의 한세라는 문제 외에 한자 인쇄는 또 하나의 근본적인 문제를 가지고 있었다. 그것은 생산비의 문제이다. 한자 인쇄는 그 속성상 대자본을 필요로 했다. 한자 인쇄는 금속활자 인쇄 방식을 채택해도 알파벳 인쇄에 비하여 비교할 수 없을 만큼 많은 시간과 비용이 들 수밖에 없었다. 인쇄를 위한 대자본은 국가적 차원의 지원이 없이는 불가능했다. 실제로 고려시대와 조선시대의 모든 금속활자 인쇄는 국가에 의해 주도되었다. 고려는 1392년에 서적원을 창설했으며, 서적원은 활자주조와 서적의 인쇄를 맡는 공식기관이었다. 이후 조선은 태종 3년(1403)에 주자소를 세워 활자 인쇄를 적극적으로 장려했다.[11] 한 예를 다음의 기록을 통해서 엿볼 수 있다.

영락 원년(1403) 춘 2월에 전하께서 좌우의 신하에게 이르시기를, '나라를 잘 다스리고자 하는 사람은 누구든지 법률과 경전에 대한 폭넓은 지식을 가져야 한다. 그런 뒤에야 모든 이치를 추구하여 마음을 바르게 하여 몸을 닦고, 가도를 정연히 바로잡고, 나라를 잘 다스리고, 천하

---

11) 주자소의 설립 이후 신활자 주조와 인쇄 개량이 급속히 진전되어 1403년부터 1516년 사이에 신활자 주조에 관한 왕명이 10회나 기록되어 있다. 특히 1403, 1420, 1434년에 걸친 3차의 활자주조는 구텐베르크의 활자 인쇄술이 발명되기 이전이었다. 조선에서의 활자주조는 1580년까지 계속되었다. 그 후에는 1668년에 무신자의 동활자 주조가 있었을 뿐 거의 2세기 동안 활자주조가 없다가 1772년에 임진자가, 1777~1797년에 여섯 번의 활자주조가 있었다. 그 후 왕정의 경제적인 악화로 활자를 사용하지 않게 되었다.

를 태평하게 하는 공효를 가히 이룰 것이다. 우리 동방이 해외에 있어 중국의 서적이 드물게 이르고 목판에 인쇄된 서적은 쉽게 훼손되며 더욱이 천하의 서적을 다 인쇄하기는 어려운 것이다. 내가 동활자를 주조하게 하여 서적을 얻는 대로 반드시 이를 인쇄하여 그 전포를 널리 하려고 하니 진실로 무궁한 이익이 될 것이다. 그러나 인쇄하는 데 소요되는 비용을 백성의 세금에서 쓸 수는 없으니 내가 종친, 훈신, 신료, 뜻있는 자와 함께 그 비용을 부담할 것이다.'라고 하였다. 이리하여 내탕금(임금이 사사로 두고 쓰는 재물)을 다 내어주고 그 일을 감독하여 수행할 사람을 임명하였다. 그리고 경연에 소장한 『고주시서』와 『좌씨전』을 내서 활자의 자본으로 삼게 하였다. 그 달 19일부터 활자주조가 시작되어 수개월 사이에 수십만 자나 되는 많은 숫자에 이르렀다……. 이 활자를 주조하여 여러 책을 인쇄해 내게 하시니 가히 만 권에 이를 것이요, 가히 만대에 전할 것이다. 이와 같은 계획은 광대하고 이 계획을 생겨나게 한 사려는 매우 깊고 원대하였다.[12]

위의 기록은 조선 초기의 왕들이 인쇄사업에 대하여 얼마나 많은 열정을 가지고 있었는지를 잘 보여준다. 태종이 인쇄에 드는 막대한 비용을 백성들에게 부담시키는 것이 안타까워서 내탕금으로 인쇄비용을 충당하라고 명령하는 대목은 감동적이기까지 하다. 그러나 이와 함께 위의 기록은 조선시대 활자 인쇄의 속성을 그대로 보여주고 있다. 한자 서적의 발행 목적은 일반 백성들에게 책을 보급하기 위한 것이 아니라, 나라를 다스리는 위정자들의 지식을 넓히기 위한 것이었다. 또한 활자 주조는 대자본을 필요로 하는 것으로 왕실 중심의 사업이었다. 이는 고려에 국한된 현상이 아니라 한자로

---

12) 심괄(1403), 『몽계필담』 권 18, 영락 원년 11월.

인쇄를 해야 했던 중국과 일본의 경우도 마찬가지였다. 동양의 한자 인쇄는 대자본을 필요로 했으며, 세 나라 모두에서 금속활자 인쇄는 국가에 의해 주도될 수밖에 없었다. 개인에 의한 인쇄산업은 불가능했으며, 인쇄산업의 상업화는 더더욱 불가능했다.

알파벳이 없었다면
구텐베르크도 없었다

고려는 '활자'라는 아이디어를 구텐베르크보다 200년 이상 앞서서 생각해냈다는 점에서 매우 창의적이고 선구적이었다. 그러나 고려의 인쇄는 기술적인 측면에서 구텐베르크의 인쇄를 도저히 뛰어넘을 수 없는 결정적인 문제를 하나 가지고 있었다. 그것은 고려가 인쇄해야 하는 문자가 한자였다는 점이다.

구텐베르크 인쇄의 키워드는 인쇄의 질을 고급화한 것이 아니라, 인쇄의 속도와 양을 비약적으로 증가시켰다는 것이다. 저렴한 가격으로 대량생산을 하기 위해 구텐베르크가 생각해낸 기술적인 아이디어는 두 가지였다. 첫째는 움직이는 활자라는 아이디어였다. 둘째는 활자의 단위를 알파벳으로 한 것이었다.

고려나 구텐베르크의 금속활자가 인쇄의 역사에서 주목을 받는 이유는 인쇄 재료로 금속을 사용했기 때문이 아니라 '활자'라는 개념을 도입했기 때문이다. 활자는 말 그대로 움직이는 글자라는 뜻이다. 동양에는 금속활자가 발명되기 수백 년 전부터 목판인쇄가 있었으며, 목판으로 인쇄된 책들도 많았다. 그러나 목판인쇄에는 활자라는 개념이 없다. 목판인쇄는 책의 한 페이지 전체를 조각한 후 도장을 찍는 것처럼 찍어내는 방식으로, 글자 하나하나가 독립적으로 움직일 수 없기 때문이다.

목판인쇄는 다분히 필사본과 비슷한 특징을 가지고 있다. 목판인쇄를 위해서는 누군가 한 페이지씩 필사를 한 후 그것을 조각해야 한다. 이는 시간과 비용이 많이 들 뿐만 아니라, 한 번 잘못 조각된 판은 수정이 불가능하다. 이런 경우 판 전체를 다시 조각하거나 틀린 내용을 그대로 계속 찍어내는 수밖에 없다. 또한 조각된 판 하나하나를 모두 보관하고 있어야 한다는 문제도 있다. 해인사의 팔만대장경을 보관하기 위하여 얼마나 많은 공간과 관리가 필요한가를 우리는 알고 있다. 목판인쇄와 달리 활자를 하나씩 조립하여 한 페이지의 판을 짜는 인쇄방식의 개발은 인쇄 역사를 바꾸는 하나의 도약이었다.

팔만대장경

팔만대장경 제작과정

팔만대장경 보관 및 관리

고려는 '활자'라는 아이디어를 구텐베르크보다 200년 이상 앞서서 생각해 냈다는 점에서 매우 창의적이고 선구적이었다. 그러나 고려의 인쇄는 기술적인 측면에서 구텐베르크의 인쇄를 도저히 뛰어넘을 수 없는 결정적인 문제를 하나 가지고 있었다. 그것은 고려가 인쇄해야 하는 문자가 한자였다는 점이다. 한자는 음절단위의 표의문자이다. 따라서 활자라는 개념을 도입하여도, 금속 주형으로 떠야 하는 기본 활자의 수는 세상에 있는 한자의 글자 수만큼이다. 당시 중국 자전에 오른 한자의 수가 2만 자 이상이었으므로, 기본 자형을 2만 개를 만들어야 한다. 그리고 한 페이지에 똑같은 한자가 두 번 이상 들어가는 경우가 있으므로 2만 개를 각각 여러 개씩 복사하여야 한다. 조선 주자소의 예에서 보았던 것처럼 하나의 글자체를 개발하면, 수십만 개의 활자를 주조해야 했다.

반면에 로마 알파벳은 음소문자이며, 영어의 경우 26개의 자음과 모음 기호로 구성되어 있다. 알파벳의 경우, 인쇄에 필요한 기본 자형 꼴은 대문자와 소문자를 포함하여 52개만 있으면 된다. 52개의 기본 자형을 만든 후 이것을 여러 개 복사하면, 이 알파벳들을 자유자재로 조합하여 각각의 페이지를 조판할 수 있다. 기본 자형이 2만 개가 필요한 한자 활자와 52개로 충분한 알파벳 활자를 비교해보면 고려인쇄가 가지고 있는 부담이 얼마나 큰 것인지 쉽게 이해할 수 있다. 구텐베르크는 알파벳을 인쇄하면 되었지만, 고려는 한자를 인쇄해야 한다는 근본적인 어려움을 안고 있었다.

구텐베르크는 알파벳을 인쇄할 수 있었다는 점에서 고려 인쇄가 뛰어넘을 수 없는 비약을 했다. 이것은 200년의 시간 간극을 상쇄했다. 뿐만 아니라, 그 후로 고려의 인쇄가 달성할 수 없었던 혁명적인 결과들을 가져오게 하는 근본적인 차이였다.

알파벳 활자 인쇄는 한자 활자 인쇄에 비하여 세 가지 장점을 가지고 있다.

첫째는 기본 자형을 주조하는 비용과 시간을 획기적으로 줄일 수 있다는 것이다. 이는 인쇄물의 생산 단가를 줄이는 데 결정적인 역할을 한다. 한 예로 1,275쪽에 달하는 성경을 인쇄하기 위하여 구텐베르크가 주조한 기본형은 208개였다. 이때 활자의 수가 알파벳의 기본자인 52개보다 많아진 이유는 구텐베르크가 필사본 이상으로 아름다운 판형을 만들기 위해 여러 가지 수식된 자형을 만들고, 또 발음을 표시하는 기호가 들어간 알파벳도 만들었기 때문이다. 아마 이것이 알파벳 인쇄를 위해서 가장 많은 기본 자형을 사용했던 예 중의 하나일 것이다. 그러나 208개의 자형은 한자의 기본 자형인 2만 개와는 비교가 안 될 만큼 적은 숫자이다.

둘째, 알파벳 인쇄는 식자하는 인력을 교육하기가 매우 쉽다는 점이다.

알파벳을 읽고 쓰는 것을 가르치는 것은 한자에 비하면 매우 쉽다. 또 알파벳의 경우는 단어의 뜻을 모르거나 문장의 내용을 이해하지 못하더라도 글자를 조판하는 것이 가능하다. 반면에 한자의 경우에는 어느 수준 이상의 한자교육을 받은 사람만 식자할 수 있는데, 이런 인력을 양성하려면 많은 시간과 비용이 필요했다.

셋째, 알파벳 인쇄는 한 페이지를 조판하는 시간이 매우 짧으며, 조판과정에서 실수가 적다는 점이다. 알파벳은 52개의 활자 중에서 하나씩을 고르면 된다. 반면에 한자는 수만 개의 기본 자형을 각각 글자별로 활자보관함에 넣어놓고, 그중 필요한 글자를 한 자씩 골라내어 조판해야 한다. 2만 개의 한자들 중에서 필요한 글자를 하나씩 골라 식자하는 것은 많은 시간이 들 뿐만 아니라, 식자 과정에서 실수를 할 확률도 훨씬 높다. 실제로 조선시대에는 한 페이지에서 오자가 한 개 나올 때마다 그 페이지를 식자한 사람이 곤장 10대를 맞는 중형을 받았다고 한다. 이는 역으로 한자의 식자에서 실수하기가 얼마나 쉬운가를 보여주는 예이기도 하다.

기술적인 측면에서 구텐베르크가 성공할 수 있었던 이유는 알파벳을 활용할 수 있다는 것이었다. 구텐베르크가 사용한 조립식 활자인쇄라는 아이디어가 15세기 당시에 얼마나 큰 비약이었는지를 학자들은 다음과 같이 말한다.

중국인은 가동활자(movable type)를 가지고 있었지만, 그것은 알파벳이 아니라 기본적으로 상형문자에 지나지 않았다. 15세기 중반 이전에 한국인과 위구르인은 알파벳과 가동활자를 모두 가지고 있었으나 그 가동활자는 분리된 문자가 아니라 통째로 된 단어였다. 각 문자가 따로따로 떨어진 활자로 만들어져 있는 알파벳의 활판 인쇄는 심리적인 비약을

실현한 많은 것 중에서도 제일급의 것이었다.[13]

구텐베르크의 인쇄술은 '교환 가능한 부품의 이론'을 유럽에 도입하였
으며, 이것은 나중에 현대의 대량생산 기술의 기초가 되었다. 다시 말해
문자에 관한 한 산업혁명의 거대한 영향을 300년 이상 이전에 이미 느
끼고 있었던 것이다.[14]

고려는 '활자'라는 개념을 누구보다 먼저 생각해냈지만, 구텐베르크식의
알파벳 조립형 인쇄로, 그리고 대량생산으로 잇지는 못했다. 그리고 그 근
본적인 이유 중의 하나는 고려시대의 문자가 한자였기 때문이다. 알파벳이
없었다면 구텐베르크도 성공할 수 없었을 것이다.

---

13) 월터 J. 옹(1995), 『구술문화와 문자문화』, 문예출판사, 181쪽.

14) 앨버틴 가우어(1995), 『문자의 역사』, 도서출판 새날, 320쪽.

6_
한글로도 못 이룬
인쇄혁명

조선 초기까지 우리나라의 인쇄는 필연적으로 한자 인쇄의 한계에서 벗어날 수 없었다. 그때까지는 우리가 활용할 수 있는 문자가 한자밖에 없었기 때문이다.[15] 그럼에도 불구하고 '만약에'를 떠올리면, 애석한 마음을 금할 수 없는 대목이 하나 있다. 그것은 바로 '만약에 한글이 발명된 이후, 활자 인쇄술을 한글의 조립활자 인쇄에 활용했다면 어떤 결과가 일어났을까?' 하는 것이다.

한글은 1443년에 발명되었으며, 구텐베르크의 『42행성서』는 1455년에 발행되었다. 다시 말하면, 한글은 구텐베르크의 금속활자보다 12년 먼저 발명되었다.

이 사실이 중요한가? 물론 중요하다. 한자 인쇄의 결정적인 결함이 문자체계에 있다는 것을 이해하면, 그리고 한글이 한자와는 달리 알파벳과 동일한 속성을 가진 진보된 문자라는 것을 알게 되면 이는 중요하고도 애석한 부분이다.

한글은 알파벳처럼 음소문자이며, 알파벳과 비슷한 수의 자음과 모음 기호를 가지고 있다. 알파벳의 경우처럼 자음과 모음을 나타내는 28개의 자형을 분리하여 생각할 경우, 구텐베르크보다 12년 앞서서 구텐베르크의 조립식 인쇄 방식을 선택할 수 있었다. 이 경우 한글은 대소문자의 구별도 없으므로 28개의 기본 자형이면 충분했다. 한자의 2만 개에 달하는 기본 자형을 28개의 기본 자형으로 줄일 수 있는 절호의 기회였다. 그러나 세종대왕과 집현전 학자들은 세상에서 가장 과학적인 조립식 문자를 발명했으면서도 그 원리를 인쇄에 활용하지는 못했다. 조립식 활자 인쇄가 가능한 음소문자를 발명하고도 조선은 왜 한글 활자를 조립식으로 주조하지 못했을까?

한 가지 이유는 글자 형태에 대한 고정관념 때문이었다. 한글은 한자와는 전혀 다른 제자원리를 가진 문자였다. 그러나 한글의 발명자들은 한자에서 유래된 글자 형에 대한 고정관념을 가지고 있었다. 이들은 한글도 한자처럼 음절 하나하나가 정사각형 안에 들어가야 한다고 생각했다. 한자의 경우 글자가 아무리 복잡하고 획이 많다고 하여도 똑같은 크기의 정사각형의 공간 안에 들어가야 한다는 것이 기본 개념이다. 이를테면, 한 획으로 한 글자를

---

15) 한글 창제 이전에 고려와 조선 시대에는 한자 이외에 이두 문자가 있었으나, 이것은 기본적으로 한자를 차용한 것이므로 인쇄 과정에서는 한자와 동일한 문제를 안고 있다.

이루는 일(一)과 여러 획으로 한 글자를 이루는 관(觀)은 모두 같은 모양 같은 크기의 정사각형 안에 들어가야 한다.

사람마다 관점의 차이가 있겠지만, 조금만 뒤집어 생각하면 이와 같은 미학적인 관점의 규제는 아무런 근거가 없는 것이다. 예를 들어 알파벳으로 쓰는 영어에서 'I'와 'Chris'는 각각 한 음절로 이루어진 단어이니 같은 크기의 정사각형 안에 넣어야 아름다운 글자 모양이고, 그렇게 써야만 한다고 말한다면 누가 수긍하겠는가? 다음의 글자체가 아름다운가?

세종대왕은 음소문자인 한글을 발명했지만, 음소들을 조합하여 음절을 만들 때에는 반드시 정사각형 안에 꼭 맞도록 자모를 배열했다. 예를 들어 '가'와 '값'은 각각 한 음절이므로 똑같은 크기의 정사각형 안에 들어가야 한다. 이런 경우 같은 'ㄱ'이라도 그 크기와 모양이 달라져야 하고, 배열되는 위치도 달라야 한다. 한글이 한자처럼 정사각형 안에 들어가야 한다고 생각하는 한, 한글을 알파벳처럼 조합하여 주조하는 것은 거의 불가능한 일이다.

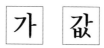

글자형에 대한 이와 같은 고정관념이 한글 활자를 음소단위로 나누어 인쇄하는 것을 막고, 음절단위 활자를 주조하게 만들었다. 최초의 한글 활자

인쇄는 1447년에 인쇄된 『월인천강지곡』이며 음절단위로 주조된 활자를 사용했다.

『월인천강지곡(月印千江之曲)』
최초의 한글 활자 인쇄(1447). 여기에 주조된 한글은 조립형으로
주조되지 않았으며 한자와 마찬가지로 음절단위로 주조되었다.

오늘 우리가 놀라워하지 않을 수 없는 사실은 한글의 인쇄 문제가 500년
이 지난 현대까지 계속되었다는 점이다. 컴퓨터로 식자하는 방식이 개발되
기 이전까지 한글 인쇄는 한글을 음절단위로 묶인 문자로 인식하여, '가, 각,
간, 갇, 갈, 감, 갑, 갓, 강, 갗, 갚, 갋'과 같이 각각 통째로 된 활자 2,000개
이상을 기본 자형으로 주형을 뜬 후, 이 주형들을 여러 개 복사하여 그중에
서 글자를 골라서 식자를 하는 방식을 취했다. 그리고 그 잔재는 오늘날 컴
퓨터에서 완성형과 조합형 방식의 문제에까지 연결되고 있다. 한글을 조립
형으로 발전시키지 못한 15세기의 한계가 현재 우리가 살고 있는 21세기 까
지 연장되고 있다는 것은 한편으로는 한글의 제자원리에 대하여 우리가 얼
마나 무지한가를 적나라하게 보여주는 것이며, 다른 한편으로는 사람들의

고정관념을 깨는 것이 얼마나 어려운 것인가를 보여주는 것이기도 하다.

글자 모양에 대한 잘못된 고정관념은 한글의 원리가 초성과 중성과 종성을 따로따로 조합하여 한 음절을 구성하는 것이었음에도 불구하고 이 과학적인 원리를 인쇄에 응용하지 못하게 만들었다. 물론 한글을 음소단위 활자로 인쇄하기 어려웠던 이유 중에는 한글이 음절단위로 모아쓰는 형식을 취하므로 음절로 만드는 과정에서 기술적인 어려움도 있을 수 있다. 공병우 박사가 한글을 기계화하려는 시도를 시작했을 때, 가장 먼저 부딪친 어려움도 바로 이 문제였다. 그러나 이 문제는 해결될 수 있는 문제였고, 실제로 공병우 박사는 이 문제를 해결했다.

조선의 한글 인쇄가 혁명으로 이어지지 못한 또 하나의 이유는 15세기 유럽 사회와는 달리 조선 사회는 한글로 된 책을 대량생산할 필요성을 느끼지 못했기 때문이다. 알파벳은 서양의 여러 나라가 공통적으로 사용하는 문자였지만, 한글은 조선에 국한된 문자였을 뿐만 아니라, 조선 내에서조차도 거의 보급이 이루어지지 못했다. 한글을 아는 사람들은 극소수에 머물렀다. 또한 당시의 인쇄는 국가에 의해 주도되었는데, 조정의 일을 담당하는 양반들은 한글의 필요성을 느끼지 못했으며, 한글로 인쇄된 책을 대량으로 출판해야 할 필요성은 더더욱 느끼지 못했다. 한글 서적에 대한 수요가 극소수였고, 인쇄를 주관하는 사람들이 한글 서적 자체를 인쇄할 필요성을 느끼지 못하는 사회에서, 빠르고 저렴한 한글 인쇄 방법을 연구할 사람은 없었다.

1443년 세종대왕이 누구나 배우기 쉬운 한글을 발명한 이후에도 500년 동안 한글로 인쇄된 책은 많지 않았다. 백성들을 위한 문자의 필요성을 절감했던 세종대왕의 강력한 의지에도 불구하고, 민중으로의 한글 보급은 이루어지지 않았다.

II

세계 최상의 알파벳,
한글

한글에 대한
세계의 양면적 평가

　자신의 모습을 정확하게 이해하기 위해서는 때때로 스스로의 판단보다 외부 사람들이 평가하는 자신의 모습이 어떤지를 살펴보는 것이 도움이 될 때가 있다. 한글에 대한 세계 언어학자들의 평가는 양면적이었다.

　세계 학자들이 공통적으로 언급하는 한글에 대한 느낌은 두 가지이다. 하나는 한글 문자체계 자체의 과학성과 경제성에 대한 감탄이고, 다른 하나는 한글의 진가를 제대로 활용하지 못하는 한국인들의 무지와 경직성에 대한 놀라움이다. 세계 언어학자들은 말한다. 한글은 가히 인류가 발명한 최고의 문자이며, 500년 전에 발명되었지만 아직도 한글만큼 과학적이고 효율적인 문자체계는 존재하지 않는다고. 그러나 한글이 인류 최고의 알파벳임에도 불구하고, 400년 이상 한국 사회에서 방치되어왔다고.

한국은 매우 작고 아주 먼 나라이다. 그러나 한국은 두 가지 점에서 언어학자에게는 아주 중요한 나라이다. 한국은 중국의 인쇄술의 영향을 받은 후 13세기에 가동활자에 의한 금속활자 인쇄술을 세계 최초로 발명하였다. 그리고 15세기에 세종대왕이 오늘날 한글이라고 부르는 완전히 독창적이고 매우 훌륭한 음운표기의 글자를 창조했는데, 많은 학자들이 한글을 '세계에서 일반적으로 사용되는 문자 중에서 가장 과학적인 문자체계', 혹은 더 간단히 '세계 최상의 알파벳'이라고 부르고 있다.[16]

완벽한 알파벳이란 가망 없는 이상이겠지만, 서구 역사에서 알파벳이 밟아온 궤적보다 더 나은 결과를 얻는 것은 가능하다. 어느 알파벳보다도 완벽으로 향하는 길에 서 있는 알파벳이 있기 때문이다. 15세기 중반에 한국에서 생겨난 이 문자는 많은 언어학자들로부터 고전적 예술작품으로 평가된다. 단순하고 효율적이고 세련된 이 알파벳은 가히 알파벳의 대표적 전형이라고 할 수 있다. 영국의 언어학자인 제프리 샘슨은 그것을 인류의 위대한 지적 유산 가운데 하나라고 말했다.[17]

한국에서는 중국어의 위력이 너무 커서 1880년대 이전에는 한글이 문자로서 많이 사용되지 않았다. 1910년에 한국을 정복한 후 일본인은 일본어의 사용을 장려했다. 그래서 한글은 2차 세계대전 이후에야 겨우 국가의 공용문자로 사용되게 되었다.[18]

---

16) 제프리 샘슨(2000), 『세계의 문자체계』, 한국문화사, 162쪽.

17) 존 맨(2003), 『세상을 바꾼 문자, 알파벳』, 예지, 163쪽.

18) 제프리 샘슨(2000), 앞 책, 164쪽.

문자체계가 우리에게 그렇게 많은 영향을 끼치는데도 왜 그렇게 많은 국가들이 그들의 문자체계를 개혁하지 않는 것일까? 거기에는 외고집처럼 보이는 몇 가지 이유가 있는 것처럼 보인다. 미적인 관점, 위신, 그리고 단순한 보수주의 성향. 중국의 문자는 매우 아름다운 것으로 알려져 있으며, 일본이나 한국에서조차 한자를 잘 아는 것은 교육과 세련됨과 위신을 의미한다. 한국과 일본이 배우기 쉬운 자신들의 문자를 가지고 있으면서도 한자를 고수하는 것은 정말로 놀라운 일이다.[19]

엘 고어는 한국이 금속활자 인쇄술을 세상에서 가장 먼저 발명했지만, 당시의 한국 사회는 그 기술을 적절히 사용할 준비가 되어 있지 않았고, 그 첨단 기술을 충분히 활용하지 못했다고 말했다. 이와 아주 비슷하게 한글은 인류 최고의 문자임에도 불구하고, 조선 사회는 한글을 활용할 준비가 되어 있지 않았으며, 400년 이상 한국 사회에서 널리 사용되지 못했다.

우리는 한글 체계가 과학적이라고 여러 번 들어왔지만, 실제로 무엇이 얼마큼 과학적인지 구체적으로 이해하지 못하는 경우가 대부분이다. 물론 한글의 원리에 대해 모르더라도, 또는 외국 언어학자들의 찬사를 빌리지 않더라도, 직접적으로 한글의 우수성을 증명하는 사실이 하나 있다. 그것은 한글이 창제된 직후부터 400년 이상 수없이 홀대를 받았으면서도 한글이 사멸하지 않고 살아남아 있다가, 오늘의 한국을 세우는 밑거름이 되었다는 사실이다.

지구상의 어떤 문자도 400년 이상 활용되지 못하고 사장되어 있다가 다시 살아남은 예는 없다. 오늘의 한글이 있을 수 있었던 이유는 세종대왕의 뜻을 잇고자 하는 충성 때문도 아니었으며, 한글에 대한 지식이 권세를 누릴

---

19) 다이아몬드(1994), 「문자의 권리(Writing Rights)」, 『디스커버』 Vol.15 No.06, 113쪽.

수 있는 수단이었기 때문도 아니다. 한글이 400년의 동면기를 거치면서도 살아남을 수 있었던 이유는 단지 우리말을 표현하기에 충분히 적합하고, 배우기 쉬운 과학적 체계를 가진 최고의 문자이기 때문이다.

한글은 우리 조상이 지금까지 발명하고 간직해온 여러 가지 문화유산 중 세계에서 가장 우수한 것으로 평가되는 유산이다. 한글의 어떤 측면이 그렇게 세계의 학자들을 놀라게 하는 부분인지 한 번쯤은 돌아보아도 좋을 것이다.

그 이유는 활자 인쇄술과 한글을 발명하고도 그 기술의 기본 원리와 가치를 제대로 인식하지 못했던 과거의 실수를 반복하지 않기 위해서이다. 오늘날 인터넷과 함께 엄지문화로 대표되는 문자 메시지의 위력은 가공할 만한 것이다. 그리고 이 위력은 메시지 전달을 가능하게 하는 문자에서 나온다. 한글은 정보화를 위한 최적의 문자이다. 12개로 제한된 휴대전화의 자판 내에서 메시지를 보내야 할 때, 60개 정도의 컴퓨터 자판 내에서 모든 문서작업을 끝낼 수 있어야 할 때, 한글보다 빠르고 쉽게 작업할 수 있는 문자가 있을까? 한글의 원리를 제대로 이해하고 그 원리를 기계화에 응용한다면, 우리는 세상에서 가장 효율적인 문자를 가진 민족일 뿐만 아니라, 세계 최고의 문자를 가장 효과적으로 이용하는 민족이 될 것이다.

한글의 우수성에 눈을 돌려도 좋은 또 하나의 이유는 한글의 독창성 때문이다. 한글의 독창성을 이해할 때, 우리는 우리 민족이 얼마나 창의력이 있는 민족인가를 느낄 수 있고, 스스로에 대한 자긍심을 회복할 수 있다. 세상 사람들에게 무엇인가를 보여주어야 한다는 부담감에 무리한 거짓 행동으로 세상뿐만 아니라 스스로를 속여야 했던 몇몇 과학자들에 대한 기억이 아직 생생하다. 그러나 그런 무리수를 두지 않고도 세상을 놀라게 할 발명품을 우리는 이미 가지고 있다. 다만 스스로 그것이 얼마나 훌륭한 것인지 그 가치를 깨닫지 못하고 있을 뿐이다. 한글에 대한 바른 이해는 우리가 한국인으로서의 자긍심을 회복하고, 세상의 세 번째 정보혁명을 이끌어가는 정보화의 주역이 되도록 할 수 있다.

2_
최고의 인지과학적 원리를 담은
한글의 음절단위 표기법

한글은 알파벳처럼 음소단위의 글자를 사용하면서도, 이들을 음절단위로 배열함으로써 과학적인 문자체계가 요구하는 두 가지 상반된 필요성을 적절히 조화시키고 있다. 과학적인 문자체계가 필요로 하는 속성은 두 가지이다. 하나는 기본 글자의 숫자가 적어야 한다는 것이다. 이는 글자를 쉽게 배우기 위해 필수적이다. 다른 하나는 지각적으로 인식하기 쉽게 함으로써 읽기의 효과를 극대화해야 한다는 것이다. 인간은 말소리를 들을 때, 음절을 기본 단위로 인식한다. 한글은 24개를 기본 글자로 하면서도, 음성 인식의 지각 단위인 음절을 표기 단위로 하는 체계를 가지고 있다는 점에서 세계의 어떤 문자보다도 인지과학적으로 진보된 문자이다.

한글은 매우 과학적이고 독창적인 문자체계를 가지고 있다. 그중에서도 한글의 독창성을 보여주는 백미는 한글이 음소문자인데도 쓸 때에는 음질로 모아쓰는 음절단위의 표기 방법을 가지고 있다는 점이다. 이 절묘한 조합을 생각해낸 조선인들의 독창성에 대해 샘슨 박사는 다음과 같이 말한다.

> 이 시점에서 잠깐 숨을 돌려 한글 글자체가 얼마나 놀라운 업적인가를 재강조할 만하다. 음소의 구성 자질의 관점에서 음소를 쓰는 원리 및 개개의 자소의 윤곽뿐만 아니라, 세종대왕이 음절을 구성성분의 음으로 분석한 바로 그 원리가 전적으로 독창적이었다. 세종은 음운 분석의 중국 전통을 잘 알고 있었다. 그러나 음절을 우리가 아는 바 모음과 자음으로 분리하는 그 결정은 중국의 전통과의 과감한 단절을 표시했다. 한글의 업적이 하도 놀랄 만하기에 몇몇 서양의 학자들은 오늘날까지 한글은 예전의 모형에 근거해서 발전했을 것이라고 주장한다. 예컨대 게리 레이야드(1966)는 세종이 한글을 당시 몽골에서 사용되었던 파스파 알파벳에 근거를 두었다고 주장한다. 그러나 레이야드는 『훈민정음』에 있는 말을 몽골어 문자에 대해 신중하고 은밀하게 언급한 것이라고 해석함으로써 이런 주장을 하는데, 이 주장은 틀린 것으로 보인다. 세종이 파스파 및 동아시아에서 사용 중이던 기타 음성표기 글자체를 알고 있었다는 것은 사실일지는 모르지만, 이들 글자체는 모두 분절적이었다. 그 글자체들은 한글을 위해 선례를 제공하고 있지 않다.[20]

샘슨 박사가 감탄하는 것처럼 한글의 음소문자 체계는 560년 전의 조선에서 일어난 일로서는 두 가지 측면에서 매우 독창적이고 획기적인 일이었다.

---

20) 제프리 샘슨(2000), 『세계의 문자체계』, 한국문화사, 180~181쪽.

하나는 당시의 중국식 전통의 말소리 분석을 따르지 않았다는 점이며, 다른 하나는 한글 창제 당시 아시아에는 한글과 같은 음운 분석이나 문자체계를 가진 언어가 없었다는 점이다. 당시 중국은 세계에서 가장 진보된 문명을 보유한 나라였다. 중국의 변방국으로 문화적 종속 상태에 있으면서, 중국의 전통적인 음운 분석을 따르지 않는 새로운 문자체계를 개발한다는 것은 중국의 지식문화에 대한 과감한 도전이었다.

중국에서는 전통적으로 말소리를 이루는 음절을 분석할 때 두음과 그 나머지로 이분하여 생각하는 소리분석 방법을 취하고 있었다. 중국에서는 '국'이라는 소리는 [k]와 [uk]으로만 나눌 수 있다고 생각한다. 그러나 한글은 두 가지 점에서 중국의 전통과 다른 언어분석 방법을 택했다. 첫째는 소리의 분석을 '두음-나머지'의 이분법에서 '초성-중성-종성'의 삼분법으로 그 관점을 바꾸었다는 것이다. 둘째는 기본 문자가 음절문자가 아닌 음소문자 방식을 택하고 있다는 것이다. 세종대왕은 '국'이 [k], [u], [k]의 세 개의 소리로 구성되어 있는 것으로 분석했다. '국'을 [k-uk]으로 분석하는 것과 [k-u-k]로 분석하는 것은 비슷해 보이지만 전혀 다른 결과를 가져온다.

예를 들어, 중국식의 이분법으로는 '구, 국, 궁, 굴, 굽'이 초성([k])은 같고 나머지는 다르다는 것은 말할 수 있지만, 이 모든 글자가 공통적으로 모음 [u]를 가지고 있다는 것은 알아낼 수 없다. 또 '감, 곰, 검'이 초성([k])뿐만 아니라 종성([m])도 같으며, 단지 중성인 모음만이 다르다는 사실도 알아낼 수 없다. 그러나 세종대왕의 음운 분석으로는 이 모든 것들을 아주 쉽게 설명할 수 있다. 세종대왕은 중국식 음운 분석의 학문적 전통을 깼을 뿐만 아니라, 서양의 언어학자들이 20세기가 되어서야 발견하게 된 과학적인 음운 분석체계를 이미 560년 전에 세웠다. 그리고 한 걸음 더 나아가 그 음운 분석을 바탕으로 완전히 새로운 문자를 발명했다.

조선인들이 글자를 소리의 성질에 따라 각각의 음소로 분리해내는 발상을 한 것은 커다란 비약이 아닐 수 없다. 그러나 세종대왕의 발상은 여기에서 그치지 않았다. 현대의 언어학자들이 한글이 믿기 어려울 만큼 독창적인 문자라고 칭찬하는 이유는 세종대왕이 음소단위로 문자를 창제한 동시에 이것을 모아서 음절단위로 표기하는 방식을 고안했다는 점이다. 다이아몬드 박사는 이를 다음과 같이 설명한다.

　　　　한글은 자음과 모음의 단위보다는 크고 단어보다는 작은 음절단위로 조합되어 있으며, 수직으로 쓰거나 수평으로 쓰는 것이 모두 가능하다. 단지 28개의 알파벳만을 이용하면서, 음절단위로 소리를 조합함으로써 빠른 시간 내에 해독하고 이해할 수 있다.[21]

　　한글과 함께 가장 대표적인 음소문자는 로마 알파벳이다. 로마 알파벳은 자음과 모음을 분리하여 표기하는 문자로 'big'과 'pig'의 공통점과 차이를 구분할 수 있다는 점에서 한글과 알파벳은 비슷하다. 그러나 알파벳은 음절을 표시할 수 없는 나열식 배열이라는 점에서 한글과 다르다. 한글로 쓴 '아메리카'는 이 단어가 네 음절로 구성되어 있다는 것을 눈으로 확인할 수 있지만, 로마 알파벳으로 쓴 'America'는 몇 음절인지 겉으로만 보아서는 구분하기 어렵다.

　　한글은 음소문자이면서도, 초성, 중성, 종성을 모아서 음절단위로 표기함으로써 음절을 시각적으로 보여주는 매우 독특한 체계를 가지고 있다. 이러한 표기 방법의 가장 큰 이점은 글자를 매우 빨리 효과적으로 읽을 수 있다는 것이다. 다음의 예를 읽어보라.

---

21) 다이아몬드(1994), 앞 책, 109쪽.

ㅇㅜㄹㅣ ㅁㅣㄴㅈㅗㄱㅡㅣ ㄱㅏㅈㅏㅇ ㅇㅟㄷㅐㅎㅏㄴ
ㅁㅜㄴㅎㅘㅇㅠㅅㅏㄴㅡㄴ ㅎㅜㄴㅁㅣㄴㅈㅓㅇㅡㅁ

우리 민족의 가장 위대한 문화유산은 훈민정음

첫 번째 예는 초성과 중성과 종성을 음절단위로 결합하지 않고, 로마 알파벳처럼 자음과 모음만을 구분하여 일렬로 풀어쓴 경우이다. 이것은 오늘날 두벌식 체계의 풀어쓰기의 예이다. 이 표기법은 현재의 한글 표기법과 비교할 때 문장의 길이가 두 배 이상 길어질 뿐만 아니라, 읽기의 효율성이 떨어진다는 단점이 있다.

반면에 두 번째 표기법은 음소를 모아서 음절단위로 표기하는 현재의 한글 표기법이다. 공병우식 세벌식 체계(초성-중성-종성)로 모아쓰기를 한 예이다. 이것은 두벌식 풀어쓰기 표기에 비하여 빨리 효과적으로 읽을 수 있다. 이는 우리가 단지 현행 방식에 익숙해 있기 때문만은 아니다.

공병우 타자기 개발 과정에서 엿볼 수 있었던 것처럼 음절로 모아쓰기는 기계화 과정에서 약간의 어려움이 있을 수 있다. 오늘의 몇몇 학자들은 한글의 기계화를 위해서는 한글을 영어처럼 풀어쓰기를 해야 한다고 주장하기도 한다.[22] 그것이 훨씬 경제적이라는 것이다. 그러나 인지언어학적인 관점에서 볼 때, 현재의 모아쓰기 표기법보다 더 효율적이고 경제적인 방법은 찾기 힘들다. 또한 공병우 박사는 이미 세벌식 타자기에서 모아쓰기를 할 수 있는 조합형 방식을 개발함으로써 한글의 제자원리를 그대로 이용하면서도 훨씬 더 경제적인 기계화 방법을 제시했다. 현재는 더 나아가 컴퓨터 전산화 작업에서 조합형 세벌식 체계를 사용할 경우 음절로 모아쓰기가 전

---

22) 김정수(1990), 『한글의 역사와 미래』, 열화당, 76~85쪽.

산화에 걸림돌이 되는 것이 아니라 완성형 두벌식 체계보다 훨씬 효율적이라는 것을 확인했다.

세종대왕은 한글에서 음소문자이면서 음절단위로 표기하는 방법을 채택함으로써 음소문자의 장점과 음절문자의 장점을 동시에 취했다. 이는 한글이 인류가 고안할 수 있는 문자체계 중에서 가장 인지과학적으로 진보된 문자임을 증명해주는 증거이다.

로마 알파벳을 뛰어넘는
독창적인 모음 디자인

다이아몬드 박사를 비롯한 세계의 언어학자들이 한글에 대해 놀라는 또 하나의 이유는 조선인들이 한글 창제 당시에 이미 자음과 모음의 차이를 정확히 간파했을 뿐만 아니라, 자음과 모음의 차이를 문자 모양에서도 확연히 구분할 수 있도록 디자인했다는 것이다. 한글에서는 모음을 단지 수평선과 수직선이라는 두 개의 기본선을 이용하여 표시했다. 반면에 자음은 모음과 달리 한 번 꺾은 1획이나 2, 3획에서 대부분의 글자 모양을 해결했으니, 이보다 더 단순하면서도 세련된 문자가 세상에 어디 있겠는가?

다이아몬드 박사는 또한 조선인들이 자음과 모음의 차이를 문자 모양에서 확연히 구분할 수 있도록 디자인했다는 독창성에 눈을 돌린다.

많은 언어학자들은 한글을 세상에서 가장 훌륭한 알파벳, 그리고 세상에서 가장 과학적인 문자체계라고 평가한다. 한글은 매우 합리적인 문자로 세 가지 매우 독특한 특징을 가지고 있다. 첫째, 한글의 모음과 자음은 매우 다른 형태를 하고 있어서 한눈에 구분된다. 모음은 수직선 혹은 수평선에 점을 붙여서 만드는 반면에, 자음은 간결한 기하학적 형태를 이용한다. 또한 비슷한 특징을 가진 모음끼리는 연관된 모양을 가지고 있으며, 비슷한 특징을 가진 자음끼리도 서로 연관된 모양을 가지고 있다. 예를 들어 원순모음인 ㅜ와 ㅗ는 수평선을 이용한다. 자음의 경우도 구개음인 ㄱ과 ㅋ은 비슷한 모양을 하고 있다…….[23]

한글에 익숙해 있는 우리가 이런 이야기를 들으면, 그것이 뭐 그리 대단한 일이냐고 의아해할 것이다. 그러나 한글과 다른 체계를 가진 알파벳을 사용하는 사람의 눈으로 볼 때는 신기한 일일 수 있다. 더구나 언어학에 대한 지식을 충분히 가진 사람에게는 이 사실이 더욱 놀라운 일일 수밖에 없다.

자음과 모음은 그 소리의 성질뿐만 아니라 발음을 하는 방식도 전혀 다르다. 따라서 언어의 소리를 연구하는 현대의 조음음성학에서는 자음 차트와 모음 차트를 각각 별개의 것으로 표시한다.

---

23) 「문자의 권리(Writing Rights)」, 『디스커버』 Vol.15 No.06, 109쪽.

조음방식 \ 조음점	양순음 (bilabial)	순치음 (labiodental)	치음 (dental)	치경음 (alveolar)	경구개치경음 (postalveolar)	연구개음 (velar)	성문음 (Glottal)
파열음 (stop)	p, b			t, d		k, g	
마찰음 (fricative)		f, v	θ, ð	s, z	ʃ, ʒ		h
파찰음 (affricate)					tʃ, dʒ		
비음(nasal)	m			n		ŋ	
유음(liquid)				l, r			

〈자음 차트〉

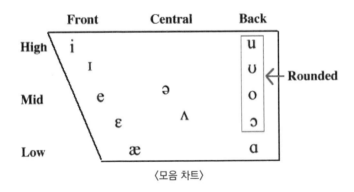

〈모음 차트〉

위의 차트에서 볼 수 있는 것처럼 자음의 경우는 조음기관, 조음위치 및 조음방식을 기준으로 분류하며, 모음의 경우는 혀의 전후 위치, 혀의 높낮이와 입술의 모양으로 각각의 소리를 구분한다.

이러한 차이에도 불구하고 로마 알파벳을 포함한 대부분의 음소문자는 자음과 모음을 구분하지 않고 a, b, c, d, e, f, ……로 나열한다. 즉 자음인 b, c, d, f 등과 모음인 a, e, i, o, u 등을 구분하는 어떤 형태상의 차이가 없다. 또한 히브리 문자나 아람 문자는 아예 모음을 표시하는 글자가 없다. 반면에 한글은 자음인 ㄱ, ㄴ, ㄷ, ㄹ, ……과 모음인 ㅏ, ㅑ, ㅓ, ㅕ, …… 를 분리하여 모양을 달리하고 있을 뿐만 아니라, 자음과 모음의 형태를 결정한 기준 또한 다르다.

언어 분석과 문자 표기에서 자음과 모음의 구분은 가장 기본적인 동시에 가장 중요한 요소이다. 모음 표기의 중요성을 이해하기 위해 가장 좋은 예는 현재 지구상에서 가장 널리 사용되고 있는 4,000년의 역사를 가진 그리스 알파벳의 발전과정을 살펴보는 것이다.

그리스 알파벳은 페니키아 문자로부터 기원전 9, 10세기경에 파생된 문자이다. 페니키아 문자는 기원전 2,000년경에 동부 지중해 연안에서 활동을 시작한 페니키아 인들이 사용하던 문자로 22개의 자음만으로 구성된 자음문자이다. 페니키아 문자는 단어의 자음 부분만 표기할 수 있다. 영어 단어를 예로 들면, 'consonants'를 'cnsnts'로 표기한다. 한글을 예로 들면, '훈민정음'을 'ㅎㄴㅁㄴㅈㅇㅁ'으로 표시하는 것과 비슷하다.[24]

페니키아 문자

---

24) 히브리 어나 아라비아 어와 같은 셈계의 언어를 표현하는 문자는 자음문자로 오늘에 이르기까지 모음을 나타내는 문자가 없다.

그리스인들이 페니키아 문자를 차용하려 했을 때 가장 큰 어려움은 페니키아 문자로는 자음밖에 표시할 수 없다는 점이었다. 그리스 어에서는 모음이 매우 중요했으며, 그리스 인들은 모음을 표시하는 방법을 찾아야만 했다. 마침내 그리스 인들은 22개의 페니키아 문자 중에서 그리스 어 발음에 없는 6개의 자음 글자를 그리스 어의 모음을 표기하는 데 사용하기로 했다. 즉 현재의 a, e, i, o, u, y는 원래 페니키아 문자에서는 자음을 표시하는 부호였는데, 그리스 인들은 이 글자를 그리스 어의 모음을 표시하는 기호로 대체하고, 페니키아에 없는 그리스 어 자음 표기를 위하여 ph, kh, ks, ps 등의 기호를 첨가하여 기원전 4세기 중엽에 자음 17개, 모음 7개의 고대 그리스 알파벳을 정착시켰다.[25]

α	A	alpha	a	father
β	B	beta	b	big
γ	Γ	gamma	g	God / γγ=ng (angle) / γκ=nk (ankle)
δ	Δ	delta	d	door
ε	E	epsilon	e	met
ζ	Z	zeta (zeyta)	z	zeal or kudzu
η	H	eta (eyta)	ē	obey
θ	Θ	theta (theyta)	th	thing (not as in this)
ι	I	iota	i	pit or police
κ	K	kappa	k	keep
λ	Λ	lambda	l	law
μ	M	mu (moo)	m	mother
ν	N	nu (noo)	n	number
ξ	Ξ	xi (ksee)	x	fox
ο	O	omicron	o	not [o-micron; small o]
π	Π	pi (pee)	p	poor
ρ	P	rho	r, rh	rod, rhythm
σ, ς	Σ	sigma	s	save [the form ς occurs only at end of word]
τ	T	tau	t	time
υ	Y	upsilon	u, y	French u or German ü
φ	Φ	phi (phee)	ph	phone
χ	X	chi (chee)	ch	German ich
ψ	Ψ	psi (psee)	ps	tipsy
ω	Ω	omega	ō	vote [o-mega; big o]

그리스 알파벳

---

25) 현대 그리스 어는 아직도 고대 그리스 어와 같은 알파벳을 사용하며, 단지 몇 개의 글자의 발음이 조금 다를 뿐이다. 현재 세상에서 가장 많이 사용되는 로마 알파벳이나 슬라브계 언어의 문자인 키릴 문자와 글라골 문자 등은 모두 고대 그리스 문자에서 파생된 문자들이다.

월터 옹 박사는 그리스 알파벳에 모음이 첨가된 것은 알파벳 역사에서 일대 비약이며, 이로 인하여 고대 그리스 문화는 당시 다른 여러 문화에 비하여 지적인 우위를 확보하게 되었다고 해석한다. 왜냐하면 자음문자로 된 문서를 읽고 해석하는 것은 이집트 문자나 한자에 비하면 쉽지만, 여전히 매우 어려운 일이기 때문이다. 반면에 자음과 모음을 모두 표기하는 그리스 알파벳이나 한글은 자음문자와 비교할 수 없을 만큼 배우기 쉽고 읽기 쉬운 문자이다.

자음문자로 쓰인 문서를 읽으려면, 문자를 읽을 줄 아는 지식 외에도 문서에 나타나지 않는 비텍스트적인 지식을 필요로 한다. 다시 말하면, 자음과 자음 사이에 어떠한 모음을 두어서 읽는 것이 좋은가를 알기 위해서는 그 언어를 이미 말할 수 있어야 한다. 예를 들면, 세 개의 자음 K-T-B는 그 사이에 삽입된 모음에 따라 '책', '쓰다', '작가', '씌어졌다', '썼다', '책을 읽다' 등의 의미가 된다. 예를 들어, KiTaB-un은 '책', KaTaBa는 '그는 썼다', KaTiB-un은 '작가'가 된다. 따라서 이것을 어떻게 읽어야 하는가를 결정하려면, 앞뒤의 문맥을 이해하고 그 문맥에 맞는 단어가 무엇인가를 선택할 수 있는 지식과 능력이 있어야 한다. 텍스트에는 모음이 표시되어 있지 않기 때문이다. 이는 문자만 안다고 해서 텍스트를 읽을 수 있는 것이 아니라는 것을 의미한다. 다음의 문장을 비교해보자.

ㄹ ㅁㄴㅈㄱ ㄱㅈㅇ ㄷㅎㄴ ㅁㄴㅎㅅㄴㄴ ㅎㄴㅁㄴㅈㅇㅁ

우리 민족의 가장 위대한 문화유산은 훈민정음

처음 문장은 자음만을 표기한 것이고, 두 번째 문장은 자음과 모음을 모두 표기한 예이다. 첫 번째 문장은 한글을 아는 사람도 그 뜻을 파악하기가 매우 힘들며, 문장에 나타나는 모든 단어를 알고 있기 전에는 그 문장을 해독하기가 거의 불가능하다. 반면에 자음과 모음을 모두 표기하는 두 번째 문장은 모르는 단어가 있어도 일단 읽고 쓰는 것이 가능하다.

　언어학에서 모음이 음절을 구성하는 핵심이며, 문자 표기에서도 매우 중요한 역할을 한다는 것에 주목하기 시작한 것은 20세기 이후의 일이다. 그런데 500년도 더 전에 조선에서 발명한 한글에서는 자음과 모음이 제자원리에서부터 구분되었을 뿐만 아니라, 글자의 디자인에까지 차별화되고 있다. 이것이 바로 세계 언어학자들이 한글을 보며 다시 한 번 감탄하게 만드는 부분이다. 한글의 창제 원리와 디자인은 어떤 민족도 흉내 내지 못할 창의적인 발상이었으며, 한글이 오늘날에도 믿기 어려울 만큼 진보된 문자라고 평가받는 이유이다.

현대 음운 분석의 원리를 그대로 담고 있는
자음 디자인

　　언어학자들이 한글에 대하여 놀라는 또 다른 특징은 자음의 제자원리와 독창적인 디자인이다. 훈민정음의 초성자(자음)는 모두 17자이다. 이 중에서 기본자는 ㄱ, ㄴ, ㅁ, ㅅ, ㅇ의 5자이며, 나머지 12자는 기본자에 가로획이나 세로획을 더하는 방식으로 만들어졌다.

　　현대의 언어학자들에게 한글의 자음이 놀라운 이유는 세 가지이다. 첫째는 기본 자음인 ㄱ, ㄴ, ㅁ, ㅅ, ㅇ의 구분이 현대 조음음성학에서 자음을 분류하는 기본 기준인 조음점과 조음방식을 바탕으로 하고 있다는 점이다. 둘째는 자음의 글자꼴이 각 자음을 발음할 때의 조음기관의 모양을 그대로 본떠서 이미지로 표현하고 있다는 점이다. 셋째는 기본 자음에 획을 더하는 원리를 이용하여 발음의 방법을 나타내고 있다는 점이다. 이는 현대 언어학자들이 이용하는 변별적 자질의 개념을 이미 560년 전에 파악했을 뿐만 아니라 이를 문자의 모양 속에 담아 디자인했다는 것이다.

『훈민정음 해례』에서는 자음의 제자원리를 다음과 같이 설명했다.

> 초성은 모두 열일곱 자이다.
>
> 아음인 ㄱ은 혀뿌리가 목구멍을 닫는 꼴을 본떴다. 설음인 ㄴ은 혀끝
> 이 윗잇몸에 붙는 꼴을 본떴다. 순음인 ㅁ은 입이 아래 위 입술을 합하는
> 꼴을 본떴다. 치음인 ㅅ은 혀허리가 윗잇몸에 붙는 꼴을 본떴다……
>
> ㅋ은 ㄱ에 비하여 소리 남이 조금 세므로 획을 더했다. ㄴ하고 ㄷ,
> ㄷ하고 ㅌ, ㅁ하고 ㅂ, ㅂ하고 ㅍ, ㅅ하고 ㅈ, ㅈ하고 ㅊ, ㅇ하고 ㆆ,
> ㆆ하고 ㅎ은 그 소리에 의하여 획을 더하는 뜻이 모두 같으나 오직 ㆁ은
> 다르다……[26]

위의 제자해는 자음을 만든 기본 원리에 대한 설명이다. 자음의 제자원리
는 현대의 조음음성학에서와 마찬가지로 조음기관, 조음위치, 조음방법을
기준으로 자음을 분류했음을 정확히 설명하고 있다. 일부를 차트로 만들면
다음과 같다.

글자	조음기관	조음위치	조음방법
어금니 소리 ㄱ은	혀뿌리가	목구멍을	닫는 꼴을 본떴다.
혓소리 ㄴ은	혀끝이	윗잇몸에	붙는 꼴을 본떴다.

한글은 이에서 멈추지 않고 기본 자음의 형태를 발음되는 순간의 입안의
모양을 본떠서 만들었다. 다이아몬드 박사는 한글 자음에 대해 다음과 같이
말한다.

---

26) 『훈민정음 해례』 초간본, 제자해, 1443.

더욱 놀라운 것은 각각의 자음은 해당 자음의 소리를 낼 때 만들어지는 입술, 입, 혀의 모양을 보여준다. 예를 들어 ㄴ은 발음을 할 때 혀끝이 입천장의 위쪽에 닿게 되는데, 그 모양을 보여주고 있으며, ㄱ은 혀뿌리가 목을 막는 모습을 보여주고 있다. 20세기의 언어학자들은 1940년까지도 한글의 자음의 모양들이 발성기관의 모습을 표현하는 것인가에 대하여 많은 의심을 하였다. 그러나 세종대왕이 1446년에 발표한 『훈민정음』 원본이 1940년에 발견됨에 따라 학자들이 의심하였던 것이 잘못되었으며, 한글의 자음이 실제로 발성기관의 모습을 정확히 표현하고 있다는 것을 인정하였다.[27]

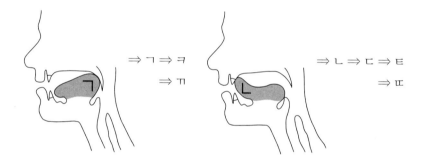

어렸을 때 한글이 창호지 문의 격자 모양을 본뜬 것이라는 이야기를 누군가에게 들었던 기억이 있다. 그러나 그것은 잘못된 해석이다. 누구든 조음기관의 모양을 본뜬 한글 자음의 디자인적 독창성을 알게 되면, 560년 전에 이미 조음기관의 모양을 파악했을 뿐만 아니라, 조음의 모양을 문자의 모양 속에 담아 시각적으로 표현할 생각을 한 조선인들의 기예에 대해 감탄하지 않을 수 없다. 세종대왕은 현대의 음성학자들과 똑같이 화자가 왼쪽을 바라보고 있다고 생각하고, 자음의 꼴을 기호로 표시했다.

27) 다이아몬드(1994), 「문자의 권리(Writing Rights)」, 『디스커버』 Vol.15 No.06, 109쪽.

다이아몬드 박사가 밝힌 것처럼, 1940년에 『훈민정음』 원본이 발견되기 전까지는 한글의 자음이 조음기관의 모양을 본뜬 것이라는 주장에 대하여 많은 학자들이 의심하면서 우연의 일치일 것이라고 생각했다. 그러다 1940년경 경북 안동의 이한걸 씨 집에서 소장해오던 『훈민정음』 원본이 발견되면서 이 주장이 사실이라는 것이 증명되었다. 이 원본은 연산군의 언문탄압 정책을 피해 예의 편의 앞부분 두 장이 찢어진 채로 이씨 집안에서 전해지던 것이다. 만약에 이 원본이 발견되지 않았다면, 훈민정음의 창제 원리가 제대로 인정되기 힘들었을 것이다. 문헌의 보존이 얼마나 중요한 것인지를 보여주는 대목이기도 하다. 한글은 세계에서 문자의 제자원리와 창제 동기가 설명된 문헌이 남아 있는 유일한 문자이다.

한글의 자음과 관련하여, 언어학자들이 감탄을 멈추지 못하는 더 중요한 특징은 가획의 원리를 이용하여 발음 방법을 나타냈다는 것이다. 한글의 자음은 가획의 원리를 이용하여 변별자질(distinctive features)의 개념을 글자 모양 자체에 그대로 담고 있다. 변별자질은 현대 음성학과 음운론에서 소리 분석을 위한 가장 기본적이면서도 중요한 개념이다.[28]

---

28) 변별자질이란 자음의 속성을 조음의 위치, 조음의 방법, 소리의 유성과 무성 등의 자질들의 구성으로 나누어 분류하는 방법으로, 이는 화학에서 모든 물체의 구성을 100여 개의 원자들의 결합체로 이해하는 방식과 비슷하다. 예를 들어 화학자들이 물을 H_2O로 표시하면서 물을 수소분자 2개와 산소분자 1개의 결합체로 정의할 때, 물이 가지고 있는 많은 속성들을 매우 쉽게 화학적으로 설명할 수 있을 뿐만 아니라, 물과 결합하여 일어날 수 있는 화학 현상들에 대하여 매우 정확하게 그리고 과학적으로 설명이 가능해진다. 인간의 말소리를 다루는 음성학이나 음운론에서는 변별자질이 이와 비슷하다. 낱낱의 소리를 변별자질의 결합체로 분석할 경우 언어에서 일어나는 여러 가지 음운현상들을 매우 간단하게 그리고 과학적으로 설명할 수 있으며, 언어 현상에 대한 예측이 가능해진다.

다음은 훈민정음을 가획의 원리를 기준으로 도표화한 것이다.

조음방법 / 조음위치	연속음	폐쇄음	유기음	
순음(입술소리)	ㅁ	ㅂ	ㅍ	
설음(혓소리)	ㄴ	ㄷ	ㅌ	ㄹ
치음(잇소리)	ㅅ	ㅈ	ㅊ	△
아음(어금닛소리)	ㄱ		ㅋ	ㆁ
후음(목청소리)	ㅇ	ㆆ	ㅎ	
	밑소리	한 획 더한 소리	두 획 더한 소리	모양이 다른 소리

훈민정음 자음 차트

한글의 밑소리 중에서 'ㅁ, ㄴ, ㅅ, ㅇ'은 발음을 할 때 공기의 흐름이 방해받지 않는 연속음이다. 연속음과 대립되는 자음은 폐쇄음인데, 이는 발음을 하는 도중에 공기의 흐름이 어딘가에서 방해를 받는 음이다. 훈민정음에서는 기본 자음들과 다른 성질들은 동일하고, 단지 소리의 흐름이 중간에 한 번 막히는 소리를 표시하기 위하여 가로획을 한 개 첨가했다. 예를 들어 'ㄴ'에 한 개의 가로획을 더하여 'ㄷ'을 만든다. 이때 'ㄷ'은 발음이 되는 위치는 'ㄴ'과 똑같으며, 'ㄴ'과의 유일한 차이는 'ㄷ'이 닫힌 소리라는 것을 표시한다. ㅅ → ㅈ, ㅇ → ㆆ, ㅁ → ㅂ으로의 변화도 가로획의 첨가로 소리의 흐름이 방해받는 속성을 표현한 것이다.[29] 다음으로 폐쇄음 'ㄷ'에 다시 가로획을 하나 더함으로써 [h] 발음이 첨가되어 거센소리가 됨을 표시한다. ㅈ → ㅊ, ㄱ → ㅋ, ㆆ → ㅎ, ㅂ → ㅍ으로의 변화도 모두 가로획의 첨가로 [h] 발

---

29) ㅁ→ㅂ으로의 획 첨가에서는 양쪽 위에 세로획이 첨가되고, ㅂ→ㅍ으로의 변화는 'ㅂ'의 양쪽 아래에 세로획을 첨가한 후 90도를 회전한 것으로 보인다. 이는 그렇게 하지 않고 한쪽에만 획을 첨가할 경우, 좌우의 균형이 깨지기 때문인 것으로 보인다.

음의 첨가를 표시한다.

세종대왕은 이미 560년 전에 인간의 말소리가 여러 자질의 합성으로 구성되어 있음을 터득하고 있었다. 뿐만 아니라, 이런 요소를 문자의 형태 자체에 시각적 이미지로 표현했으며, 이 점에서 현대 세계 언어학자들로 하여금 한글이 세상의 알파벳이 꿈꿀 수 있는 최상의 문자라는 찬사를 받을 수 있었던 것이다.

영국의 유명한 언어학자인 샘슨 박사는 한글의 한 획 한 획이 음소의 변별자질을 기준으로 하여 만들어진 문자라는 사실을 이해했다. 인류 역사에서 문자의 발달은 '상형문자 → 음절문자 → 음소문자'의 단계를 밟아왔으며, 로마 알파벳은 음소문자에 해당한다. 샘슨은 한글이 로마 알파벳에서 한 단계 더 발전한 자질문자이며, 한글을 '인류가 쌓은 가장 위대한 지적 유산 가운데 하나'라고 평가했다.

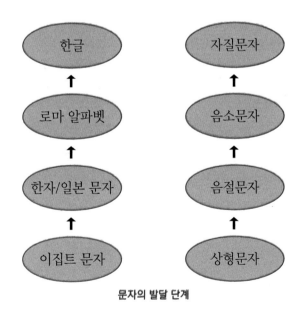

문자의 발달 단계

음의 변용을 지탱하는 제로 초성

한글의 우수성을 가장 먼저 이해한 학자들은 그리스 알파벳의 힘을 아는 서양학자들이었다. 그러나 서양학자들이 미처 드러내지 못한 한글의 또 다른 우수성을 간파한 일본인 언어학자도 있다. 바로 노마 히데키 교수이다. 노마 교수는 한글이 음소문자이면서 음절단위 표기법을 구사하는 것을 초월해 또 다른 경지에 이르는 것에 놀라워했다. 그것은 형태소를 유지하면서도 한국어에서 일어나는 음절구조의 변화를 지탱하는 제로 초성 'ㅇ'의 아이디어를 만들어낸 집현전 학자들의 창의성에 대한 감탄이다.

노마 교수는 훈민정음 창제자들이 음절을 초성, 중성, 종성의 구조로 분절했을 뿐만 아니라, 초성을 종성으로 다시 사용한 지혜에 놀라워하며 다음과 같이 말했다.

정음학은 음절을 이와 같이 〈자음+모음+자음〉으로 분절하였다. 중국 음운학에서도 음절 첫 자음, 모음, 그리고 음절 말 자음에 해당하는 요소가 개념으로서는 논의된 바 있다. …… 그러나 정음학은 문자의 평면에서 각각의 요소에 〈형태〉를 준다. …… 〈초성+중성+종성〉 즉 〈자음+모음+자음〉 각각에 뚜렷한 〈형태〉를 준다는 것─ 이것이야말로 〈문자를 만든다〉는 문자론의 관점에서 우리가 주목해야 할, 15세기 정음학이 도달해 있었던 결정적인 높이이다. 이것은 사실상 현대 언어학의 수준이다.[30]

그런데 한국어에서는 음절 말에도 자음이 온다. 이것이 〈종성〉이다. 그럼 이제 종성 자모는 어떤 모양으로 만들 것인가? 15세기 한국어에는 〈음〉의 평면에서 종성에 여덟 가지의 소리가 있었고, 현대어에는 일곱 가지가 남아 있다. 종성에 대해서도 새로이 형태를 만들어낼 것인가?

『훈민정음』은 종성에 관해 다음과 같이 기술하고 있다. '終聲(종성)은 復用初聲(부용초성)하니라.' 종성은 다시 초성을 사용한다. 즉 종성의 자모로는 초성의 자모와 같은 것을 사용한다는 것이다. 'nan'이라는 음절이라면, 초성 /n/을 나타내는 자모 'ㄴ'과 같은 것을 종성에도 사용해 해결하는 것이다. 그리하여 그 표기는 '난'이 된다. 이 얼마나 감사할 일인가! 모양을 두 가지씩 기억하지 않아도 된다.

현대 언어학의 입장에서는 /nan/이라는 음소의 조합으로 만들어진 음

---

30) 노마 히데키(2011), 『한글의 탄생』, 돌베개, 153~154쪽.

절이므로 똑같이 n을 사용하는 것은 지극히 당연한 일로 보일지도 모른다. 그러나 /nan/이라고 발음하는 소리의 연속, 공기의 떨림에서 초성과 종성을 같은 소리라고 간파해내는 일이 그리 쉬운 일은 아니다. 1400년대, 15세기에 말이다.[31]

노마 교수는 훈민정음 창제자들이 초성과 중성과 종성을 분절해서 개념화할 수 있었을 뿐만 아니라, 초성과 종성이 같은 성질을 가지는 자음이라는 것을 간파하고 초성과 종성에 같은 모양을 부여한 그들의 언어학적 식견에 감탄했다.

노마 교수가 한글의 초성과 관련하여 놀라워한 또 하나의 특징이 있다. 바로 제로 초성 'ㅇ'의 창제이다.

한국어의 발음 규칙 중에는 종성이 있는 음절 다음에 모음으로 시작되는 음절이 오면, 앞 음절의 종성이 뒤 음절의 초성으로 자리를 옮기는 음절구조 변용 규칙이 있다. 예를 들어 '검'에 주격조사 '-이'가 붙으면 [검이]가 아니라 [거미]로 발음되면서, 종성 'ㅁ'이 뒤 음절의 초성으로 이동하는 규칙이다.

검 + 이 ➡ [거미]

이런 경우 '검+이'가 '거미'와 똑같이 발음되지만, 두 단어는 그 뜻과 문법적 기능이 매우 다르다. 따라서 한국어에서는 '검+이'를 소리 나는 대로 '거미'라고 쓰지 않고 '검이'로 표기하여 '거미'와 구분할 뿐만 아니라, '검이'가 '주어+주격조사'의 문법구조를 가진다는 것을 보여준다. 이러한 표기법을

---

31) 노마 히데키(2011), 앞 책, 166~167쪽.

형태음운론적 표기라고 한다.

　노마 교수가 한글에 대해 감탄하는 부분은 바로 이런 문제를 해결하는 데
그 무엇보다 적합한 제로 초성 'ㅇ'의 개념과 모양을 만들어낸 조선인의 지
혜이다.

　노마 교수는 다음과 같이 말했다.

　　〈정음〉의 시스템은 음소의 평면과 음절 구조의 평면이라는 두 개의 층
　이 아니라, 여기에 형태음운적 평면이 더해진 3층의 구조로 되어 있다는
　것을 알 수 있다. …… 〈정음〉은 〈초성+중성+종성〉을 하나의 〈형태〉상
　의 단위로 묶는 입체적인 구조로, 음소의 평면과 음절의 평면 그리고 형
　태음운론의 평면이라는 세 가지 층을 통합하는 시스템이다. …… 초성이

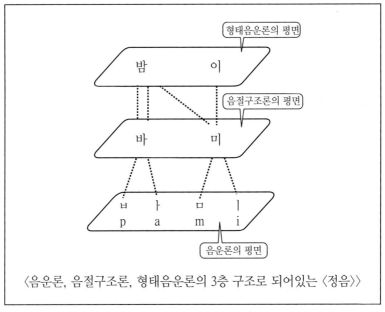

〈음운론, 음절구조론, 형태음운론의 3층 구조로 되어있는 〈정음〉〉

「한글의 탄생」 211쪽에서 인용

없다는 것을 나타내는 자모 'ㅇ'이 이런 곳에서 도움이 될 줄이야. 음절의 내부 구조에서 'ㅇ'은 자신이 있는 자리가 비어 있음을 나타내어, 음의 평면에서는 앞의 종성을 그곳으로 옮겨 주면 된다는 것을 시각적으로 쉽게 알 수 있게 한다.[32]

음절 말의 종성이 뒤 음절의 모음으로 이동하는 현상은 여러 언어에서 나타나는 보편적인 언어현상이다. 예를 들어 영어에서 'hold on'을 [hol don]으로, 'turn over'를 [tur nover]로 발음하는 연음 현상도 이와 비슷한 현상이다.

hold on ➡ [hol don]
turn over ➡ [tur nover]

이런 경우 로마 알파벳에서는 음절단위 표기를 하지 않기 때문에 음절 경계 자체를 눈으로 확인할 수 없다. 따라서 이러한 음절구조의 변화가 일어나는 것을 표시할 방법도 없다.

반면에 한글 표기 체계는 음절 경계를 눈으로 확연히 구분할 수 있는 음절단위 표기를 한다. 또한 현대 한국어 맞춤법에서는 각각 의미를 가지는 형태소를 유지하는 형태음운론적 표기를 한다. 따라서 '걲+이'를 '걲이'라고 쓴다. 이때 초성이 없는 음절의 경우, 제로 초성 'ㅇ'을 활용하여 일차적으로 초성 자리가 비어 있는 자리라는 것을 시각적으로 표시할 아이디어를 냈다는 것 자체가 참으로 흥미로운 발상이다. 이 자리는 앞 음절에 종성이 있을 경우, 그 종성이 들어올 빈자리라는 것을 표시하는 동시에 본래의 주격조사 '-이'의 모양을 그대로 유지하는 기능을 수행할 수 있으니, 이보다 절묘한

---

32) 노마 히데키(2011), 앞 책, 210~212쪽.

표기법을 세상의 어떤 문자에서 찾을 수 있단 말인가?

한글의 우수성에 대한 감탄은 서양학자에 그치지 않고 일본의 언어학자에게까지 확대된다.

6_
인간 두뇌의 한계를 실험하는 한자

한자는 인간이 만들어낸 문자 중에서 인간의 두뇌의 한계를 실험할 수 있는 가장 좋은 본보기이다. 인간의 두뇌는 노력하면 평균적으로 2,000여 가지의 다른 그림을 저장할 수 있다고 한다. 한자는 일종의 그림이라고 할 수 있다. 일본이나 한국에서 기초한자를 1,800자로 제한하는 것도 이 숫자와 무관하지 않다. 중국은 1956년부터 한자를 간략하게 만드는 정책을 펴왔으며, 현재는 2,235자의 간체자를 제정하여 사용하고 있다.

우리는 어떤 새로운 발명품이나 도구가 얼마나 훌륭한 것인가를 판단하는 지표로 기존의 물건이나 도구의 기능과 얼마나 차이가 나는지를 비교하는 경우가 종종 있다. 한글의 우수성을 이해하는 또 한 가지 방법으로 우리에게 가장 많은 영향을 끼친 한자와 영어의 알파벳을 한글의 과학성과 비교해보는 것이다. 우선 한자의 경우를 보자.

모든 상형문자의 체계는 비록 표의문자나 수수께끼 그림을 사용했다 할지라도 무수히 많은 수의 심벌을 필요로 한다. 한자는 가장 광범위하고 복잡하고 풍부한 체계를 가지고 있다. 이를테면 1716년의 『강희자전』에는 40,545개의 문자가 실려 있다. 중국인이나 중국학자라 하더라도 그것을 모두 알고 있는 사람은 한 사람도 없으며, 일찍이 알고 있었던 사람도 없었다. 쓸 수 있는 중국인이라 할지라도 자기가 들어서 이해할 수 있는 모든 중국어를 쓸 수 있는 사람은 거의 없다. 한자를 상당히 통달하기 위해서는 보통 20년 정도 걸린다. 이와 같은 스크립트는 기본적으로 시간을 소모하며 엘리트주의적이다.[33]

한자는 표의문자인 관계로 새로운 개념이나 대상물을 나타내기 위해 계속 새로운 글자를 만들어 내다보니 오늘날 그 수가 5만 자가 넘기에 이르렀다. 기원전 3세기 진나라 시대의 자서 『창힐』 편에는 3,300자가 수록되었다는데, 서기 100년경에 후한 대의 허신이 만든 자전인 『설문해자』에는 9,353자로 6,000여 자가 늘었고, 양나라 때(543년)에 만들어진 옥편에는 22,726자로 증가, 마침내 1716년 청나라 강희 55년에 나온 『강희자전』에는 42,174자가 수록되었다. 현존하는 가장 완벽한 자전이라는

---

33) 월터 J. 옹(1995), 『구술문화와 문자문화』, 문예출판사, 137~138쪽.

현대어 자전에 수록된 해서체의 글자수는 54,678자나 된다. 여기에는 그동안 출토된 각종 문물자료와 고금 문헌에 나오는 한자가 모두 수록되었다고 하는데, 『강희자전』보다 무려 12,000여 자가 증가된 것이다.[34]

도대체 상용한자 수는 얼마나 될까? 중국 지식인으로서 몇 자를 알아야 하는가? 최근에 컴퓨터를 이용한 한자 사용 빈도수 조사 결과에 따라 6,763자를 뽑아 현대 상용한자 표를 만들었다는데, 이 중에서도 3,755자를 가장 잘 쓰이는 자로 구분했다고 한다. 참고로 손문의 저서 『삼민주의』에는 2,134자가, 『모택동선집』(전5권)에는 3,163자가 사용되었다고 한다. 그런가 하면 중국에서 가장 많이 사용되는 표준소형자전인 『신화자전(1971)』에는 8,500여 자가 수록되어 있다. 이런 숫자로 미루어 실용자수는 7,000~8,000자 정도가 될 것으로 추정할 수 있다.[35]

시대	BC 200	AD 100	AD 543	AD 1716	현재
한자 수	3,300	9,355	22,726	42,174	54,678

중국의 현대어 자전에 수록된 한자 수는 무려 55,000자 정도가 된다고 한다. 이 숫자가 얼마나 놀라운 것인가를 정확히 이해하기 위해서는 50,000이라는 숫자가 단어의 수가 아니라 글자의 수라는 것을 상기해야 한다. 한글의 문자수는 24개이며, 영어의 알파벳 수는 26개이지만, 한자는 글자수가 50,000개 이상이다! 이 많은 글자를 다 기억한다는 것은 불가능한 일이다. 문자가 있으되, 그 문자를 다 아는 사람이 세상에 한 명도 없다는 것이 한자의 현실이다. 정보교환의 수단인 문자를 배우는 데 20여 년의 시간이 걸려

---

34) 유경숙(1999), 『언어, 문자와 정보업무』, 경성대학교 출판부, 203쪽.

35) 유경숙(1999), 앞 책, 203~204쪽.

야 한다는 것은 오늘날과 같이 파격적인 속도로 상상할 수 없는 양의 정보가 유통되는 현대사회에서는 문맹이나 마찬가지이다. 근대화의 물결 속에서 노신이 죽어가면서까지 "한자가 망하지 않으면 중국은 반드시 망한다."[36]라고 걱정했던 이유를 이해할 수 있다.

중국인조차 이렇게 배우기 어려운 문자인데, 조선인들이 중국어와 한자를 배워서 사용해야 한다는 것이 얼마나 많은 노력과 시간을 필요로 하는 것이었겠는가? 한반도에서는 958년 고려 광종 때 처음으로 과거제도를 실시한 것이 하나의 자극이 되어 한문의 학습과 활용이 더욱 활성화되었다. 문인이나 양반은 물론 일반 관리들까지도 말은 우리말을 하면서도, 글은 전부 한문을 사용하는 이중 언어생활을 했다. 그 후 1894년에 과거제도가 폐지될 때까지 1,000여 년 동안 한문은 사대부들이 출세하는 가장 확실한 방법이자 유일한 길이었다. 조선의 선비들은 아마도 중국어와 중국 문자를 배우는 것 이외에는 다른 것을 배울 시간적인 여유가 없었을 것이다. 한자를 배우는 것에 급급했을 조선의 학자들이 자유롭게 창의적인 생각을 할 정신적인 여유를 갖는 것은 불가능한 일이었을 것이다. 그런데 그 속에서 어떻게 한글과 같은 독창적인 문자가 탄생할 수 있었을까? 거의 불가사의한 일이다.

---

36) 노신(1881~1936)은 중국 문학가로, 『광인일기』, 『아큐정전』 등의 작품이 있다. 한자와 대중은 양립하지 않는다고 생각한 노신은 대중을 위해서 중국어의 로마자화에 적극 노력한 사람이다.

7_

세상에서 가장 어려운 철자법으로 가는
영어

재러드 다이아몬드(Jared Diamond) 박사는 1994년 미국의 과학 잡지인 『디스커버(*Discover*)』에 '문자의 권리(Writing Rights)'라는 제목의 글을 올렸다. 다이아몬드 박사는 이 글에서 영어 철자법이 얼마나 비합리적이며, 영어 철자 교육이 얼마나 심각한 상태에 있는가에 대하여 통렬히 비판하면서, 한글의 우수성과 과학성에 대하여 소개했다. 다이아몬드 박사가 한글의 간편성과 과학성에 누구보다 놀라워한 이유 중의 하나는 자신의 모국어인 영어가 가지고 있는 철자법의 문제가 너무 심각했기 때문일 수 있다.

다이아몬드 박사는 『디스커버』지에 기고한 글에서 다음과 같은 이야기로
끝을 맺었다.

> 영어 철자법을 개혁하려는 시도는 지금까지 모두 실패하였다. 영어의
> 철자법을 개혁하지 않는 것은 보수주의와 게으름 때문이다. …… 물론
> 철자는 우리 문화유산의 일부이며, 영어 철자법의 개혁은 문화적 손실로
> 여겨질 수도 있다. 그러나 중세의 고문 기구들을 잃었다고 아무도 슬퍼
> 하지 않는다. 이와 마찬가지로 현재의 영어 철자는 너무나 많은 결함을
> 가지고 있어서, 우리가 잃었다고 슬퍼할 그런 유산이 아니다.
>
> 그러나 문자 개혁에 대한 이야기를 더 하기 전에 한반도에서 한글에
> 어떤 일이 일어났는가를 살펴보자. 세종대왕이 문자를 창제했지만, 왕조
> 차도 보수적인 사대주의 양반들을 설득할 수 없었다. 남한은 아직까지
> 도 물려받은 혼란상태를 정리하지 못하고 있다.[37] 세종대왕보다 더 강력
> 한 힘을 가졌던 북한의 김일성만이 그 놀라운 한글을 자신들의 문자체계
> 로 정착시킬 수 있었다. 김일성과 같은 힘을 가진 대통령이 없는 미국은
> 점점 더 발음과는 동떨어지고 고풍스러워져가는 철자법 때문에 고통받는
> 상황을 지속할 것이다.[38]

영어가 유럽에서 가장 어려운 철자법을 가진 언어라는 것은 이미 잘 알려
진 사실이다. 영어는 알파벳을 사용하는 표음문자임에도 불구하고 문자와
소리의 대응이 너무나 복잡해서 미국인이 보는 영영사전에조차 단어의 알

---

37) 이 글은 1994년에 발표된 것이며, 그 당시까지도 한글전용이 제대로 이루어지지 않고 있는 것에
대하여 언급하고 있다.

38) 다이아몬드(1994), 「문자의 권리(Writing Rights)」, 『디스커버』 Vol.15 No.06, 113쪽.

파벳과 함께 그 단어의 발음을 표기해 놓아야만 하는 지경이다. 예를 들어 영어에서 [ou] 발음을 표기하는 방법은 10가지로, 다음의 단어에서 밑줄 친 부분은 각각 알파벳이 다르지만 그 발음은 모두 똑같이 [ou]이다.

so, sew, sow, oh, owe, dough, doe, beau, soak, soul

우리나라에서 [오] 소리의 표기는 ㅗ 하나만 필요하고 이것으로 충분하다. 외국인에게 한글의 자음과 모음을 가르쳐주면 그들은 모르는 단어라도 읽고 쓸 수 있다. 이런 문자체계에 익숙한 우리로서는 같은 발음을 표시하는 알파벳이 10가지 이상이 있다는 것을 이해하기 어렵다. 외국인이 영어를 배울 때 공통적으로 겪는 어려운 점 중의 하나가 영어 글자를 보고도 바르게 발음하기가 쉽지 않다는 것이다. 위의 단어에서 각각 다른 알파벳으로 쓰여 있는 모음이 모두 동일한 소리로 발음된다는 것을 그 단어를 처음 본 외국인이 어떻게 알아낼 수 있겠는가?

문제는 여기에서 그치지 않는다. 영어에서 'o' 라는 철자는 여섯 가지 다른 소리로 발음된다.

so, to, on, honey, horse, woman

위의 여섯 단어에는 모두 똑같은 모양의 'o'가 들어 있지만 이 'o'는 각각의 단어에서 [ou], [uː], [ɔ], [ʌ], [ɔː], [ú]의 다른 소리로 발음된다. 이런 예는 수도 없이 많다. 영어에서 [ʃ] 발음을 표기하는 방법은 다음에 보이는 것처럼 무려 11가지나 된다.

nation, shoe, sugar, mansion, mission, suspicion,

ocean, conscious, chaperon, schist, fuchsia

영어가 이렇게 복잡하고 체계적이지 못한 철자법을 가지게 된 데에는 물론 이유가 있다. 영어는 알파벳 문자를 서기 600년경부터 사용했다. 그 후 1,400년 동안 영어의 발음이 매우 많이 변화했지만, 현대의 발음에 맞게 철자법을 개혁하지 않았던 것이 한 요인이다.

또 다른 요인은 영국에서 1066년 노르만 정복 이후 프랑스 단어가 많이 차용된 것이다. 현재는 영어 단어 중에서 라틴 어와 프랑스 어 등에서 차용된 단어가 50% 정도인데, 이들 외래어를 차용할 때 라틴 어나 프랑스 어의 철자를 그대로 들여온 것도 영어의 철자를 복잡하게 만든 큰 요인이 되었다. 또한 활자 인쇄가 시작된 초기에 영어 철자법에 대한 기준이 없었으며, 많은 인쇄업자들이 마음대로 철자를 결정하여 인쇄하기도 했다. 영어 철자법에 대한 기준이 처음 제정된 것은 새뮤얼 존슨이 1755년에 『영어사전』을 발간한 이후이다.

이유야 어쨌든 영어의 철자는 이제 로마 알파벳을 사용하는 언어 중에서 가장 형편없는 것이 되었고, 이를 대대적으로 수정해야 한다는 인식이 팽배하다. 하지만 실제로 철자법의 개혁을 실행하는 것은 쉽지 않다. 다이아몬드 박사는 미국이나 영국이 영어 철자법을 개정하지 못하는 이유가 보수주의와 게으름 때문이라고 맹렬히 비난했다. 다이아몬드 박사가 지적하는 것처럼 한 사회에서 기존의 문자체계를 바꾸는 것은 강력한 강제적인 힘을 가진 경우가 아니고는 매우 어려운 일이다.

오늘날 우리나라에서 실현되고 있는 한글전용에 대해 우리가 충분히 자부심을 느껴도 좋은 또 하나의 이유는 몽골이나 중앙아시아의 키릴 문자처럼 강력한 독재의 힘을 빌리지 않고 자발적으로 실행된 문자 개혁이었다는 점이다. 이런 개혁이 가능했던 것은 한글이 우리말을 표기하기에 그 어떤 문자보다도 실용적이고 민주적인 문자였기 때문이다. 물론 한글을 공식문자로 인정함으로써 많은 사람들에게 한글을 사용해 볼 기회를 주었던 것이 한글의 실용성과 민주성을 증명하기 위한 전제조건이기는 했지만 말이다.

III
양반 사회에서 태어난
민주문자, 한글

1_
칭기즈 칸의 몽골 문자를 능가한
세종대왕의 한글

세계 문자의 역사에서 보면 한글의 창제는 매우 기이한 사건이다. 왜냐하면 민주문자를 받아들일 준비가 전혀 안 되었던 조선에서 발명되었기 때문이다. 이는 문맹의 나라나 다름없던 고려에서 활자 인쇄술을 발명했던 것만큼이나 특이한 일이다. 한글 창제는 시대를 너무 앞서간 세종대왕이 직접 참여하여 진행시켰기 때문에 가능했던 특별한 사업이었다. 그러나 몇몇 사람의 진보적인 생각만으로 또는 기발한 발명품 하나로 세상을 바꿀 수 없다는 것을 우리는 알고 있다. 세종대왕의 선구자적인 깨달음만으로 조선 사회 전체를 바꿀 수는 없었다.

인류 역사에서 새로운 문자를 발명해내는 것 자체가 매우 희귀한 일이다. 세상에는 현재 5,000여 개 이상의 언어가 있지만, 문자를 가지고 있는 언어는 단지 100여 개 정도에 불과하다.[39] 말만 있고 문자가 없는 언어가 많고, 또 언어마다 고유의 문자를 가지고 있는 것이 아니기 때문이다.

1974년 유네스코 통계자료에 의하면, 세계 도서 생산량을 기준으로 한 세계 주요문자의 수는 12개 정도이다.[40] 이는 실제로 활발하게 사용되는 문자는 로마 알파벳, 키릴 문자, 한자, 아랍 문자, 그리스 문자, 타이 문자, 히브리 문자, 미얀마 문자를 포함해 단지 12개 정도이며, 그중 하나가 한글이라는 것을 의미한다. 이 중에서 한글처럼 민족어의 표기를 위해 창안된 문자는 없다.

문자의 역사에서 새로운 문자의 창제는 흔한 일이 아니다. 이와 같은 드문 일을 시도한 사람은 항상 새로 탄생한 신흥국가의 야심 찬 지도자였으며, 가장 대표적인 지도자는 몽골 문자를 창제한 칭기즈 칸이었다. 칭기즈 칸은 중국 변방이었던 몽골의 한 작은 가문에서 태어났다. 그는 탁월한 지도력으로 몽골 부족들을 통합한 후 서아시아 전역을 손에 넣고, 멀리 러시아 남부까지 침략하여 역사상 가장 광대한 영토를 자랑하는 제국의 기반을 닦았다.

---

39) 월터 J. 옹(1995), 『구술문화와 문자문화』, 문예출판사, 16쪽.
   세계의 언어가 몇 개인가에 대해서는 의견이 분분하다. 개별 언어와 방언을 구분하는 기준에 따라 그 숫자가 달라지고, 소수민족 언어의 숫자가 불명확하는 등의 문제가 있기 때문이다. 유네스코에서는 6,000~7,000개의 언어가 있다고 말한다. 세계에 존재하는 문자의 숫자에 대해서도 비슷한 이유로 정확하게 그 숫자를 말하기는 어렵다.

40) 유경숙(1999), 『언어, 문자와 정보업무』, 경성대학교 출판부, 45~46쪽.
   세계에서 출판된 책 중에서 70% 이상이 로마 알파벳으로 출판되었으며, 15%가 키릴 문자 도서였다. 나머지는 일본, 중국, 아랍, 한국, 그리스, 타이, 히브리, 미얀마 그리고 기타 문자에 의한 것이다.

세계의 광활한 지역을 지배하게 된 칭기즈 칸은 자신의 거대한 제국과 10만이 넘는 대군을 통제하기 위해서는 무엇보다 문자가 필요하다는 것을 깨달았다. 대규모의 행정을 효율적으로 수행하고 절대적인 권한을 장악하기 위해서는 무엇보다 기록이 가능해야 했기 때문이다.

칭기즈 칸은 한자를 이용할 수 있었다. 그러나 칭기즈 칸은 몽골 문자를 새로 만들어 몽골 족이 한족에 필적하는 능력을 가지고 있음을 증명하고, 민족적 자존심을 세우고자 했다. 칭기즈 칸은 위구르 문자를 참고하여 몽골 문자를 창안하게 하고, 관리들이나 고관대작뿐만 아니라 모든 몽골 인들도 읽고 쓰기를 배워야 한다고 결정했다.[41] 그 후 몽골 어의 언어적 특성에 맞는 문자로 바꾸기 위한 여러 가지 시도가 있었으며, 칭기즈 칸의 손자인 쿠빌라이 칸은 티베트의 승려인 파스파에게 명하여 1269년 새로운 파스파 문자를 만들었다. 칭기즈 칸은 중국 대륙에서 한자에 도전한 첫 번째 제왕이었다.

칭기즈 칸과 세종대왕

한자문화에 속해 있으면서 새로운 문자를 창제한 두 번째 군주는 세종대왕이다. 칭기즈 칸이나 세종대왕은 새로운 문자를 이용하여 새로운 질서를

---

41) 앨버틴 가우어(1995), 『문자의 역사』, 도서출판 새날, 169쪽.

만들고자 했던 지도자들이다. 세종대왕과 칭기즈 칸은 문자와 관련하여 몇 가지 공통점이 있다. 먼저 두 대왕 모두 신흥국가의 효율적인 통치를 위한 문자의 중요성을 인식했다는 점에서 비슷했으며, 실제로 새로운 문자를 발명할 만큼 문자정책에 적극적이었다는 점에서도 비슷했다. 그리고 새로운 문자를 발명했지만, 이를 국가의 공식문자로 활용할 만큼 그 역할을 확대시키는 것에는 실패했다는 점에서도 비슷했다.

한편, 세종대왕은 새로운 문자 창제의 목적이 중국에 대한 도전이 아니라, 일반 백성의 교화와 교육을 위한 것이었다는 점에서 칭기즈 칸과 다르다. 또한 칭기즈 칸은 다른 학자들을 시켜 문자를 창제했지만, 세종대왕은 자신이 직접 문자를 연구하고 창제했다는 점에서도 다르다.[42] 그리고 무엇보다도 수백 년이 지난 지금 몽골 문자는 그 명맥이 유지되지 못하지만, 한글은 그 어느 때보다 활발히 사용되고 있다는 점에서 다르다. 물론 한글의 생명력은 창제의 동기 때문이 아니라, 한글 자체가 지니고 있는 과학성과 단순성 때문이다.

칭기즈 칸은 한족을 정복하고, 중국의 왕조를 바꾸는 과정에서 자신의 민족적 우수성을 한족에게 과시해야 할 필요성이 있었다. 그러나 조선은 상황이 달랐다. 조선은 중국을 정복한 것이 아니며, 여전히 중국의 찬란한 문명과 한자에 의존하여 자신들의 체제를 유지해야 했던 변방국이었다. 세종대왕은 중국 문명에 도전하고자 하는 뜻은 없었다. 그런데 왜 새로운 문자를

---

42) 한글을 창제한 주체가 누구인가에 대하여는 의견이 분분하다. 세종대왕이 직접 창제했다는 설과 집현전 학자들을 시켜서 만들었다는 설, 세종대왕과 집현전 학자들이 함께 만들었다는 설 등이 있다. 그러나 최근 서울대의 임홍빈 교수는 여러 가지 신빙성 있는 사료를 바탕으로 한글이 세종대왕과 수양대군에 의해 창제되었다고 주장했다. 세종대왕이 집현전 학자 또는 세자들의 도움을 받았을 수 있지만, 한글 창제의 주체는 세종대왕이었다는 것을 보여주는 여러 가지 증거들을 임홍빈 교수의 논문('한글은 누가 만들었나:한글 창제자와 훈민정음 대표자', 한글 심포지엄:한글의 현재, 과거, 미래, 2005. 6. 10, 47~72쪽)에서 참고할 수 있다.

만들었을까?

세종대왕은 1397년 조선 3대 왕인 태종의 셋째 아들로 태어나 1418년 22세의 나이에 즉위했다. 세종대왕이 임금이 되었을 때 해결해야 할 가장 중요한 과제 중의 하나는 유교국가의 체제를 확립하는 것이었다. 친명파였던 이성계는 친명숭유 정책을 건국이념으로 삼았다. 그러나 태조부터 태종에 이르기까지는 고려의 왕족과 백성들의 민심을 제압하기 위해 무단정치에 급급했으며, 세종대왕이 즉위할 당시까지 조선은 아직 유교국가의 체제를 확립하지 못했다. 세종대왕은 조선에서 처음으로 문화정치를 시작할 수 있었던 왕이다.[43]

세종대왕은 유교국가의 체계를 잡아가는 과정에서 무엇보다 우민을 가르치기 위한 문자가 필요했다. 그러나 이것은 한글 창제 목적의 일부일 뿐이었다. 세종대왕은 새로운 문자를 이용하여 신흥국가인 조선의 정치적 기틀을 잡고자 했다. 이와 함께 중국의 선진문명을 좀 더 쉽게 배울 수 있는 보조 도구로 이용하고자 했다. 세종대왕은 기존 중국 문화에 대한 도전이나 민족의 자존심보다 훨씬 더 현실적인 문제에 초점을 두고 한글을 창제했다.

그러나 조선 사회에서 새로운 문자를 만드는 것은 중국에 대항하는 것 이상으로 혁신적이고 과감한 계획이었다. 존 맨 박사는 한글 창제를 다음과 같이 평가했다.

세종의 신문자(한글)의 창제는 매우 독창적이고 과감한 계획이었다. 세종 자신이 확립한 위신과 전통에 도전하는 것이었고, 중국어를 쓰는

---

43) 세종대왕은 32년 동안 재위하면서 조선 왕조의 기틀을 확립했다. 세종대왕은 무엇보다 먼저 집현전을 활성화해 제례 양식을 재편했다. 즉위 4년 후인 1442년에는 서적 인쇄의 기초작업으로 활자체를 개량하는 사업을 추진했다. 세종대왕은 재위 기간 동안 모두 308권의 서적을 간행했으며, 그중에서 114권은 금속활자로 인쇄되었다.

관료인 학자들을 끌어들여야했기 때문이다.[44)]

세종대왕이 넘어야할 벽은 중국이 아니라 조선의 양반들이었다. 세종대
왕은 사대부 양반들의 반발을 해결해야 하는 문제를 안고 있었다. 세종대
왕의 한글 창제는 중국에 대한 도전이 아니라 배우기 어려운 한자에 대한 도
전이었으며, 이는 한자로 세상을 지배하던 양반들에게 그들의 특권에 대한
도전으로 다가왔다.

---

44) 존 맨(2003), 『세상을 바꾼 문자, 알파벳』, 예지, 165~166쪽.

2_
동양의 민주문자,
한글

　민주문자가 발명되기 이전에는 어느 사회에서나 문자가 사회의 계급을 나누는 중요한 수단이었다. 문자를 아는 사람은 소수였으며, 이들은 항상 그 사회에서 특권을 누렸다. 한글이 창제되기 이전에 조선에서는 두 가지 문자가 사용되고 있었다. 그리고 조선인들은 사용하는 문자에 따라 세 계급으로 구분되었다. 최고의 계층은 양반들이었으며 한자를 사용했다. 두 번째 계층은 서리들이었으며 이들은 이두를 사용했다. 마지막으로 최하위의 계층인 일반 백성들은 문자를 모르는 문맹의 사람들이었다.

　조선 시대에 사용된 문자는 계급을 구분하는 기준이었을 뿐만 아니라, 그 용도도 완전히 달랐다. 한자는 양반이 학문과 문학 그리고 정치를 하는 데 이용되었다. 반면에 이두는 서리들이 관청에서 행정을 수행하는 데 사용되었다.[45] 이두는 한자보다는 배우기 쉬운 문자였지만 한자를 차용한 것이어서 우리말을 자유자재로 표현하는 데 한계가 있었으며, 일반 백성이 배우기에는 여전히 어려운 문자였다.

디린저(Diringer)는 고대 그리스 알파벳을 민주문자라고 불렀다. 그리스 알파벳은 이집트 문자에 비하여 매우 단순하고 누구나 배우기 쉬운 문자였기 때문이다.

이집트 문자는 700자 정도의 상형문자 기호를 사용하는 문자로, 상형문자와 표음문자가 혼합된 문자이다. 이집트 문자는 매우 어려운 문자였으며, 소수의 사람들만이 집중된 고급 교육을 통해 배울 수 있었다. 이집트 문자는 제한된 사람들에게 전수되는 특별한 지식이었으며, 서기들을 엘리트 계층으로 만들고, 사회적 혜택을 누리는 특권 계층의 신분을 유지하도록 도와주는 중요한 수단이었다. 어느 시대 어느 곳에서나 특권 계급은 배타성과 보수성에 의존하여 자신들의 특권을 유지하기 마련이다. 이집트의 서기들은 자신들의 특권을 유지하기 위하여 문자 교육을 제한했다. 또한 좀 더 쉬운 문자를 개발하거나 문자를 간소화하여 누구나 쉽게 배울 수 있는 문자체계를 만드는 일 따위에는 관심이 없었다. 이집트는 민주사회가 아니었으며, 이집트 문자는 소수의 선택된 집단이 독점한 엘리트 문자였다. 학자들의 연구에 의하면 당시에 이집트 문자를 읽을 줄 아는 사람은 인구의 1% 미만이었으며, 쓰는 법까지 아는 사람은 극소수였다고 한다.

이집트 문자가 엘리트 문자라면, 27개의 음소문자로 이루어진 그리스 알파벳은 민주문자이다. 민주문자란 소수 그룹이 특권을 유지하기 위하여 이용하는 수단이 아니라, 모든 사람들이 정보와 지식을 평등하게 공유할 수 있도록 도와주는 보조수단이다. 고대 그리스의 민주주의 사회에서는 귀족뿐만 아니라 모든 자유민이 정치에 적극적으로 참여했다. 그리고 시민들이 정치에 참여하기 위해서는 무엇보다도 문자를 통한 정보의 공유가 전제조

---

45) 이두는 한자를 차용하여 우리말을 적는 문자였다. 신라 시대에 한자의 소리나 뜻을 빌려서 우리말을 적는 향찰이 개발되었고, 이것이 이두로 발전하여 고려 시대 이후 관용문자로 널리 쓰였다.

건이었다. 예를 들어, 그리스의 시민들은 행정업무와 입법업무에 참가했으며, 이 업무들은 글로 기록되어 공개되었다. 아테네에서는 제안된 법률 초안도 글자판에 써서 모든 사람이 볼 수 있도록 광장에 게시했다. 그리스에서는 시민 모두가 문자를 알아야만 민주정치가 가능했다. 그리고 누구나 쉽게 배울 수 있는 그리스 알파벳은 민주주의의 실현을 위한 필수 불가결한 조건이었다. 민주사회에서는 문자가 더 이상 특별히 훈련받은 엘리트가 독점하는 특별한 지식이 아니라, 누구나 쉽게 배우고 사용할 수 있는 기본 지식이어야 했다.

서양에서 이집트 문자가 엘리트 문자였다면, 동양에서는 한자가 확실한 엘리트 문자였다. 한자는 표의문자이며 이 세상에서 가장 배우기 어려운 문자이다. 이집트와 비슷한 시기에 이미 한자의 수가 2,000~3,000개 정도였으며, 한자를 어느 정도 잘 활용할 수 있게 되기까지는 20년 정도의 학습이 필요했다. 중국을 비롯해서 동양의 대부분의 나라에서 한자는 소수 특정 계급의 사람들에게만 제한되어 있는 특별한 지식이었으며, 이 시대는 한자교육을 받은 사람들만이 지식과 정보를 독점하던 귀족주의 시대였다.

그리스 알파벳이 서양의 민주문자라면, 한글은 확실한 동양의 민주문자이다. 한글은 단지 24개의 음소문자로 이루어져 누구나 쉽게 배울 수 있는 문자이다. 한글은 알파벳처럼 배우기 쉽다는 의미에서 민주적일 뿐만 아니라, 한글 창제의 목적이 일반 백성을 위한 것이었다는 점에서 민주적인 성격이 더욱 강한 문자이다.[46]

---

46) 1443년에 세종대왕이 한글 창제 후 시도한 사업은 『삼강행실도』를 한글로 번역하는 것이었다. 세종대왕은 훈민정음을 만들기 10여 년 전에 설순에게 명하여 한자로 된 『삼강행실도』를 간행한 바 있다. 『삼강행실도』는 유학의 충효, 여자의 정절에 관한 중국의 입문서로, 백성들에게 유교의 도리를 가르치기 위한 것이었다. 세종대왕은 글을 읽을 줄 모르는 백성들을 교육시키기 위해서

한글 창제는 양반과 일반 백성이 지식과 정보를 공유하여 민주적인 사회를 만들 수 있는 기본적인 수단을 마련한 일대 사건이었다. 세종대왕은 왕의 권한으로 한글을 이용하여 새로운 정치를 시도하고자 했으나, 양반들은 아무리 조그마한 것이라도 한글로의 전환을 바라지 않았다. 의식했든 못했든 간에 그들은 아주 조그만 부분의 양보가 그들의 특권과 편안함에 종지부를 찍을 만큼 강력한 힘을 발휘할 것이라는 것을 예견했다. 양반들은 자신과 자신의 자손들에게 확보된 특권을 포기할 준비가 되어 있지 않았다.

한글과 그리스 알파벳을 비교해보면, 그리스 알파벳이 발명되었기 때문에 그리스 민주주의가 꽃핀 것이 아니라, 그리스 사회가 민주주의를 원했기 때문에 민주문자가 발명된 것인지도 모른다는 생각을 하게 된다. 때를 만나지 못한 한글은 그 민주성에도 불구하고 400년 이상 조선의 민주화를 위하여 활용되지 못했다. 동양의 민주문자인 한글이 창제되었음에도 불구하고 조선에서 민주주의가 발달할 수 없었던 것은 조선 사회가 아직 민주사회로 전환할 준비가 되지 않았기 때문이었다. 문자는 도구일 뿐이며, 도구는 그것이 아무리 훌륭한 것이라고 하더라도 그것을 사용하는 장인이 그 특성을 이해하고 사용할 준비가 되어 있지 않으면 제 가치를 드러낼 수 없다.

한자로 된 책에 그림을 넣어서 이해를 돕게 하고, 글을 아는 한학자들이 책을 읽어서 알려주는 방법을 생각했다. 글을 모르는 무식한 백성들을 교화하기 위하여 그림이라도 이용하려 했던 세종대왕의 의지가 어느 정도였는지를 짐작하게 하는 대목이다. 그러나 실제로 『삼강행실도』는 세종대왕이 기대했던 만큼 효과를 발휘하지 못했다. 10년 전의 실패를 마음에 두고 있던 세종대왕은 한글을 만들자마자 『삼강행실도』를 한글로 번역하여 간행하고자 했다. 그러나 정찬손의 반대에 부딪쳐 『삼강행실도』의 번역 사업은 완성되지 못했다. 『삼강행실도』의 한글 번역이 이루어지지는 못했지만, 한글을 만드는 가장 큰 동기 중의 하나가 백성들이 글을 모르는 것에 대한 안타까움이었으며, 한글로 이 문제를 해결하고자 했던 세종대왕의 의지가 얼마나 강했던가를 잘 보여주는 시도였다.

3_
한글은
우민만을 위한 문자가 아니었다

세종대왕은 『훈민정음』 서문에서 한글은 글자를 모르는 우민들을 위하여 만든 문자라고 설명했다. 최만리를 비롯한 집현전 학자들은 훈민정음 창제를 달가워하지 않았지만, 백성들을 위한 정책이라는 대의명분을 반대하기는 어려웠다. 그러나 훈민정음 반포 직후에 세종대왕이 추진한 사업들은 우민들을 대상으로 한 것이 아니었다. 최만리 등의 학자들이 언문반대 상소를 올리게 만든 것은, 세종대왕이 훈민정음을 만들자마자 실시한 훈민정음 사업들이 우민만을 위한 것이 아니라 서리와 양반 모두가 배워야 하는 만백성을 위한 것이었기 때문이다.

1443년 훈민정음이 완성되자 세종대왕이 가장 먼저 시작한 한글 사업은 궁내에 머무는 서리들 10여 명을 모아 한글을 가르친 일이었다.[47] 이는 한글이 우민만을 위한 문자가 아니라는 것을 직접적으로 보여준 첫 번째 예였다. 세종대왕이 서리들에게 한글 교육을 시작한 데는 두 가지 이유가 있었다. 첫째는 새로 만들어진 문자가 실제로 우리나라 사람들이 쉽게 배울 수 있는 문자인지 실험하기 위한 것이었다.

그러나 최만리를 포함한 집현전 학자들이 걱정한 것은 바로 한글이 배우기가 너무 쉽다는 것이었다. 최만리는 서리들에게 한글을 가르치는 일을 강력히 반대했다. 서리들이 한글에 익숙해지면 한자 학습에 게을러질 것이며, 결국 한자를 모르게 되어 중국의 선진문화와 과거 선인들의 지혜에서 멀어지게 될 것이라고 우려하며 다음과 같이 말했다.

新羅薛聰吏讀, 雖爲鄙俚, 然皆借中國通行之字, 施於語助, 與文字元不相離, 故雖至胥吏僕隷之徒, 必欲習之。先讀數書, 粗知文字, 然後乃用吏讀。用吏讀者, 須憑文字, 乃能達意, 故因吏讀而知文字者頗多, 亦興學之一助也。若我國, 元不知文字, 如結繩之世, 則姑借諺文, 以資一時之用猶可, 而執正議者必曰: "與其行諺文以姑息, 不若寧遲緩而習中國通行之文字, 以爲久長之計也。" 而況吏讀行之數千年, 而簿書期會等事, 無有防礙者, 何用改舊行無弊之文, 別創鄙諺無益之字乎? 若行諺文, 則爲吏者專習諺文, 不顧學問文字, 吏員岐而爲二。苟爲吏者以諺文而宦達, 則後進皆見其如此也, 以爲: "二十七字諺文, 足以立身於世, 何須苦心勞思, 窮性理之學哉?" 如此則數十年之後, 知文字者必少。

---

47) 한글의 이름은 '훈민정음', '정음', 언문', '반절', '암클', '국문', '한글' 등 한글을 보는 주체와 관점에 따라 다양하다. 본 글에서는 혼돈을 최소화하기 위해 가능한 한 '한글'로 통일하여 지칭했다.

雖能以諺文而施於吏事, 不知聖賢之文字, 則不學墻面, 昧於事理之是
非, 徒工於諺文, 將何用哉?

신라 설총(薛聰)의 이두(吏讀)는 비록 야비한 이언(俚言)이오나, 모두
중국에서 통행하는 글자를 빌려 어조(語助)에 사용하였기에, 문자가 원
래 서로 분리된 것이 아니므로, 비록 서리(胥吏)나 복예(僕隸)의 무리에
이르기까지라도 반드시 익히려 하면, 먼저 몇 가지 글을 읽어서 대강 문
자를 알게 된 연후라야 이두를 쓰게 되옵는데, 이두를 쓰는 자는 모름지
기 문자에 의거하여야 능히 의사를 통하게 되는 때문에, 이두로 인하여
문자를 알게 되는 자가 자못 많사오니, 또한 학문을 흥기시키는 데에 한
도움이 되었습니다. 만약 우리나라가 원래부터 문자를 알지 못하여 결
승(結繩)하는 세대라면 우선 언문을 빌려 한때의 사용에 이바지하는 것
은 오히려 가할 것입니다. 그래도 바른 의논을 고집하는 자는 반드시 말
하기를, '언문을 시행하여 임시방편을 하는 것보다는 차라리 더디고 느
릴지라도 중국에서 통용하는 문자를 습득하여 길고 오랜 계책을 삼는 것
만 같지 못하다.'고 할 것입니다. 하물며 이두는 시행한 지 수천 년이나
되어 부서(簿書)나 기회(期會) 등의 일에 방애(防礙)됨이 없사온데, 어찌
예로부터 시행하던 폐단 없는 글을 고쳐서 따로 야비하고 상스러운 무익
한 글자를 창조하시나이까. 만약에 언문을 시행하오면 관리된 자가 오로
지 언문만을 습득하고 학문하는 문자를 돌보지 않아서 이원(吏員)이 둘
로 나누어질 것이옵니다. 진실로 관리된 자가 언문을 배워 통달한다면,
후진(後進)이 모두 이러한 것을 보고 생각하기를, 27자의 언문으로도 족
히 세상에 입신(立身)할 수 있다고 할 것이오니, 무엇 때문에 고심 노사
(苦心勞思)하여 성리(性理)의 학문을 궁리하려 하겠습니까.

이렇게 되오면 수십 년 후에는 문자를 아는 자가 반드시 적어져서, 비록 언문으로써 능히 이사(吏事)를 집행한다 할지라도, 성현의 문자를 알지 못하고 배우지 않아서 담을 대하는 것처럼 사리의 옳고 그름에 어두울 것이오니, 언문에만 능숙한들 장차 무엇에 쓸 것이옵니까.[48]

당시 최고의 한문학자였던 이들의 눈으로 바라보면, 한글의 단순한 기호 체계가 유치함과 조잡함의 극치로 비칠 수 있었으리라. 세상에서 가장 복잡하고 어려운 한자에 익숙해진 조선 학자들이 수직선과 수평선, 그리고 한 획 또는 많아야 두 획이면 족한 한글을 처음 대했을 때, 비록 한글이 임금이 심혈을 기울인 작품이었다 하더라도 당혹감을 피하지 못했을 것이다. 한자에만 익숙한 조선의 선비들은 쑥덕였을 것이다. "아이들 장난도 아니고, 이것이 어떻게 문자일 수 있는가?" 조선의 양반들에게는 문자가 정보를 전달하기 위한 수단이기 이전에, 문자를 배우는 것 자체가 평생의 시간을 들여야 하는 목적이었다. 또 다량의 정보를 다수의 사람들에게 빠른 속도로 전달하는 것이 중요한 것이 아니라, 양반들끼리 여유롭게 향유하면 되는 예술의 일부분이었다. 조선 시대는 용이함과 빠른 속도보다 복잡함과 우아함이 중요한 시대였다.

조선의 사대부들은 그들이 가장 우려했던 한글의 단순성이 오늘날 세계의 학자들을 감탄하게 만드는 가장 중요한 요소라는 사실을 상상이라도 했을까? 레이야드 박사는 1966년에 버클리 대학의 박사학위 논문에서 한글을

---

48) 『조선왕조실록』 세종 103권 26년 2월 20일(경자) / '집현전 부제학 최만리 등이 언문 제작의 부당함을 아뢰다' 중에서. 인용문은 국사편찬위원회에서 제공하는 조선왕조실록(http://sillok.history.go.kr) 사이트에서 발췌한 것이다.

다음과 같이 평가했다.

한글의 가장 독특하고 흥미로운 특징 중의 하나는 글자의 모양과 글자의 기능이 긴밀하게 대응하고 있다는 것이다. 자음의 형태가 모음의 형태와 전혀 다를 뿐만 아니라, 자음과 모음이 각각의 그룹 안에서도 각각 형태와 기능이 긴밀한 관계를 가지고 있다. 자음은 글자의 형태와 종류가 연관관계가 있다. 모음은 수평선을 이용한 'ㅜ, ㅗ'의 그룹과 수직선을 이용한 'ㅏ, ㅓ'의 그룹이 체계적으로 나누어져 있다. 세상의 어떤 알파벳도 한글만큼 아름답고 합리적인 문자는 없다. …… 형태와 기능 사이의 관계에 대한 개념을 정립하고, 그것을 시각적으로 표현한 방법에 대해 감탄하지 않을 수 없다. 길고도 다양한 문자의 역사를 통틀어 한글과 같은 문자는 없다. 소리의 종류에 따라 글자의 모양을 체계적으로 하는 것만으로 충분했을 것이다. 그런데 자음의 모양 자체가 그 소리와 관련된 발성 기관의 모양을 본떠서 만든 것이었다니, 이는 언어학적인 호사의 극치이다! 조선의 학자들은 참으로 솜씨가 좋았다. 이에 덧붙여 그들은 창조적인 상상력에도 모자람이 없었다.[49]

---

49) "One of the most unique and interesting features of the Korean alphabet is the strict correspondence it shows between graphic shape and graphic function. Not only are the shapes of the consonants of a pattern different from those of the vowels, but even within these two main groups the shapes decided upon by Sejong clarify other important relationships. In the consonants there is a correlation between letter shape and consonant classes, and in the vowels the back and mid groups are strictly and systematically separated. No other alphabet in the world is so beautifully and sensibly rational...... It is really impossible to withhold admiration for this conception of a shape-function relationship and for the way it was carried out. There is nothing like it in all the long and varied history of writing. It would be quite enough merely to have the systematic shapes within classes. But for those shapes themselves to be rationalized on the basis of the speech organs associated with their sounds- that is unparalleled grammatological luxury! The Korean phonologists were skillful indeed, but they were not

조선인들이 500년 동안 알아보지 못한 한글의 독창성과 과학성이 20세기에 미국 언어학자의 눈과 입을 통해 우리에게 거꾸로 전달되었다는 것은 우리에게 많은 것을 생각하게 한다.

---

lacking in creative imagination either." (Gari K. Ledyard(1966), "The Korean Language Reform of 1446: The origin, Background, and Early History of the Korean Alphabet", Doctoral Dissertation, University of California, Berkeley, 199-203) 이 논문은 1998년에 『국어연구원총서 2』로 신구문화사에서 발간되었다.

560년 전에 시도한
법조문의 한글화

560년 전이나 지금이나 똑같이 어느 시대에나 억울한 재판들은 있다. 그리고 최만리와 똑같은 기득권자의 논리가 한반도에서 21세기에도 계속되었다. 1948년에 공포된 '한글전용에 관한 법률'에는 "대한민국의 공용문서는 한글로 쓴다. 다만, 얼마 동안 필요한 때에는 한자를 병용할 수 있다."라고 명시되었다. 그러나 한글전용이 법으로 정해진 이후에도 법조문과 법률 용어들은 일반인들이 도저히 알기 어려운 한자로 점철되어왔으며, 법조문의 한자를 한글화하기까지는 다시 반세기 이상의 시간이 소요되었다.

정부가 법조문의 한글화를 위한 구체적인 특별법을 의결한 것은 2004년 12월 21일 국무회의에서였으며, 2005년 한글날을 기점으로 몇 개 법령을 제외한 모든 현행 법령의 조문을 한글로 바꾸기 위한 특별법을 통과시켰다. 실로 세종대왕이 백성들을 위하여 한글로 해결하고자 했던 문제 하나를 풀기까지 560년 이상이 걸린 것이다. 그러나 중요한 것은 더 늦기 전에 우리가 이 일을 해냈다는 것이다.

세종대왕이 서리들에게 한글을 가르친 두 번째 이유는 한글을 관용문자로 사용하고자 함이었다. 세종대왕은 일반 백성들이 문자를 몰라서 자신과 관련된 나라의 법이나 조세가 어떻게 관리되는지를 모르고, 옥사나 송사와 같은 재판 과정에서 불이익을 당하는 경우가 많다는 것을 알고 있었다. 따라서 모든 백성이 아는 쉬운 문자로 관용문서와 조서가 관리되면, 백성들이 문자를 모르기 때문에 받아왔던 불이익을 줄일 수 있다고 생각했다. 세종대왕은 이두 대신에 우리말을 더 쉽고 정확하게 표현할 수 있는 문자를 관용문자로 사용하는 것이 올바른 정치를 위하여 필수적인 일이라고 판단했다.

그러나 최만리 등은 한글을 관용문자로 사용하는 것에 강력히 반대했다. 이들의 상소문 중 3분의 2 정도가 한글을 관용문자로 쓰는 것은 부당하며, 이두 대신 한글을 관용문자로 대체하면 안 되는 이유였다고 한다. 이는 양반들이 한글을 조선의 공식문자로 채택하는 것에 대해 얼마나 불안해했는가를 짐작하게 해주는 증거이기도 하다.

최만리는 다음의 논리로 세종대왕의 생각이 옳지 않다고 반박했다.

若曰如刑殺獄辭, 以吏讀文字書之, 則不知文理之愚民, 一字之差, 容或致冤。今以諺文直書其言, 讀使聽之, 則雖至愚之人, 悉皆易曉而無抱屈者, 然自古中國言與文同, 獄訟之間, 冤枉甚多。借以我國言之, 獄囚之解吏讀者, 親讀招辭, 知其誣而不勝棰楚, 多有枉服者, 是非不知招辭之文意而被冤也明矣。若然則雖用諺文, 何異於此? 是知刑獄之平不平, 在於獄吏之如何, 而不在於言與文之同不同也。欲以諺文而平獄辭, 臣等未見其可也。

만일에 말하기를, '형살(刑殺)에 대한 옥사(獄辭) 같은 것을 이두 문자로 쓴다면, 문리(文理)를 알지 못하는 어리석은 백성이 한 글자의 착오로 혹 원통함을 당할 수도 있겠으나, 이제 언문으로 그 말을 직접 써서 읽어 듣게 하면, 비록 지극히 어리석은 사람일지라도 모두 다 쉽게 알아들어서 억울함을 품을 자가 없을 것이라.' 하오나, 예로부터 중국은 말과 글이 같아도 옥송(獄訟) 사이에 원왕(冤枉)한 것이 심히 많습니다. 가령 우리나라로 말하더라도 옥에 갇혀 있는 죄수로서 이두를 해득하는 자가 친히 초사(招辭)를 읽고서 허위인 줄을 알면서도 매를 견디지 못하여 그릇 항복하는 자가 많사오니, 이는 초사의 글 뜻을 알지 못하여 원통함을 당하는 것이 아님이 명백합니다. 만일 그리하오면 비록 언문을 쓴다 할지라도 무엇이 이보다 다르오리까. 이것은 형옥(刑獄)의 공평하고 공평하지 못함이 옥리(獄吏)의 어떠하냐에 있고, 말과 문자의 같고 같지 않음에 있지 않은 것을 알 수 있으니, 언문으로써 옥사를 공평하게 한다는 것은 신 등은 그 옳은 줄을 알 수 없사옵니다.[50]

최만리는 중국에서는 말과 글이 같아도 억울한 재판이 많이 발생하고 있다고 말했다. 또한 조선에서도 글을 몰라서가 아니라 매질을 못 이겨 거짓 자백을 하는 것이 불공정한 재판을 받게 되는 원인이라고 말했다. 한마디로 최만리는 공정한 재판은 글을 알고 모르고의 문제가 아니며, 재판을 다루는 사람의 도덕성에 달려 있는 것이라고 강변했다. 따라서 글자로써 조서 처리를 공평하게 할 수 있다는 세종대왕의 생각은 옳지 않은 것이라고 반대했다.

50) 『조선왕조실록』 세종 103권 26년 2월 20일(경자) / '집현전 부제학 최만리 등이 언문 제작의 부당함을 아뢰다' 중에서. 인용문은 국사편찬위원회에서 제공하는 조선왕조실록(http://sillok.history.go.kr) 사이트에서 발췌한 것이다.

역사 이래 지금까지 어느 곳에서나 공정하지 못한 재판들이 있어 왔고, 불합리한 법들이 있어 왔다. 그리고 이러한 것들을 어떻게 바로잡아 왔느냐가 그 사회의 민주화의 역사이다. 선지자였던 세종대왕은 공정한 재판은 힘을 가진 한 개인의 도덕성에 의존하여 이루어지는 것이 아니라, 만인이 알고 있는 법에 근거하여 이루어져야 한다는 것을 500년도 더 전에 알았다. 세종대왕은 조선에서 이를 실천하고자 했다.

　　그러나 이것이 실현되기까지 500년 이상이 걸렸다. 그 500년 동안 조선 바깥의 세계에서 민중의 해방을 위하여 무슨 일들이 있어났는지를 비교해 보면, 단순히 1년이 500번 지나간 것과는 의미가 다르다. 영국에서는 1215년 〈마그나 카르타(Magna Charta:대헌장)〉와 1689년 〈권리장전〉이, 프랑스에서는 1789년에 〈인권선언〉이, 미국에서는 1787년에 〈미국 헌법〉이 국민들이 이해할 수 있는 문자로 발표되어 국민의 권리를 보장했으며, 국민들은 그 문서를 바탕으로 자신들의 권리를 지키고 감시할 수 있었다.

5_
한자를 위협한
한글

　세종대왕이 1443년 12월에 『어제 훈민정음』을 반포하자, 다음 해 2월 최만리가 중심이 되어 사대부 양반들이 언문반대 상소문을 올렸다. 이 사건으로 최만리는 사대주의자의 대명사로 불리게 되었다. 그러나 조선 초기의 왕정사회에서 왕이 직접 관여한 문자정책에 대해 공개적으로 반대를 하고 나서는 것은 목숨을 걸고 하는 위험한 일이었다. 그런 위험부담을 안고도 최만리가 언문을 반대하지 않으면 안 되었던 이유가 단지 중국에 대한 사대주의를 고수해야 한다는 정신적인 차원만의 문제였을까?

　최만리 등의 학자들이 언문반대 상소를 하게 된 더 근본적인 동기는 두 가지였다. 하나는 세종대왕이 서리에게 한글을 가르치도록 한 것이고, 다른 하나는 『동국정운』을 인쇄하려고 했기 때문이다. 『동국정운』은 한자 발음을 한글로 표기해 놓은 책이다. 양반들의 한문 발음 학습서에 한글을 사용한다는 것은 결국 양반과 양반의 자제들도 한글을 배워야 한다는 것을 의미했다. 사대부 양반들은 처음에는 한글을 우민들만 사용할 하잘것없는 문자로 알았다. 그러나 세종대왕이 실행하는 사업을 보며, 한글이 우민뿐만 아니라 서리와 양반까지 만백성이 다 사용해야 하는 나라 글자로 발전될지도 모른다는 사실을 알게 되자 목숨을 걸고 반대하기 시작했다. 사대부 양반들이 무엇보다 두려워한 것은 한글의 확산이었다.

세종대왕이 한글을 이용하여 시작한 또 하나의 사업은 한글 창제 다음 해인 1444년에 『동국정운』을 간행하기 시작한 것이었다.[51] 세종대왕의 아버지 태종은 1416년(태종 16)에 명나라의 음운서인 『홍무정운』을 기초로 하여 조선에서의 한자 표준발음 서적인 『동국약운』을 간행했다.[52] 그러나 이 책은 한자 발음을 한자로 표기한 것이었으므로, 한자를 처음 배우는 사람이 이 책으로 한자 발음을 배우기는 매우 어려웠다. 세종대왕은 우리나라 사람들이 한자를 배울 때 한자 발음을 쉽게 읽을 수 있는 문자의 필요성을 느꼈다.

『동국정운』은 한자의 발음을 한글로 표기해놓은 책이다. 세종대왕이 한글을 만든 또 다른 이유는 한자를 좀 더 쉽게 가르치고 배우기 위함이었다. 당시 조선인들은 한자를 통하지 않고는 선진문명을 배울 수 없었다. 세종대왕은 한자를 조금이라도 더 쉽게 배울 수 있는 방법을 찾아, 조선인들이 효율적으로 선진문명을 배우고 활용할 수 있기를 바랐다. 이는 세종대왕의 또 다른 실용주의적 감각을 보여주는 대목이다.

---

51) 『동국정운』은 1448년(세종 30)에 완성되었으며, 6권 6책으로 된 우리나라 최초의 표준음에 관한 책이다.

52) 중국은 과거에나 지금이나 그 영토가 워낙 광활하고 여러 민족이 융합한 나라로서, 똑같은 한자도 지역에 따라 전혀 다르게 발음하여 대화가 불가능한 경우가 많다. 따라서 중국은 어느 정도의 시간이 흐르면 한자의 발음을 정비하는 작업이 필요하다. 일반적으로는 왕조가 바뀌게 되면 표준발음을 정리하여 책으로 공표하는 것으로 한자의 발음을 어느 정도 통일시켜왔다. 그리고 중국의 표준발음이 바뀌면, 이를 기준으로 삼아 한반도에서도 한자의 발음을 재정비해왔다. 조선이 건국될 당시도 중국에서 표준발음이 대대적으로 정비된 시기였다. 원나라(1271~1368)는 몽골 족이 한족을 제패하고 세운 나라로, 국가의 통치를 위한 공식문자로 한자를 택했다. 그러나 원 왕조의 지배세력은 몽골 족이었으며, 이들이 지배하던 150여 년 동안 한자의 발음이 많이 변화되었다. 1368년 한족이 원나라를 제패하고 명나라를 세웠을 때, 새 왕조의 기반을 닦는 과정에서 그동안 혼란해진 한자의 발음체계를 정리하여 새 왕조에서 사용할 표준 한자음을 『홍무정운』이라는 책으로 발표했다. 태종은 신흥 왕조인 조선의 기반을 닦는 사업의 일환으로 조선에서 사용할 표준 한자 발음을 정리하고자 1416년(태종 16)에 『홍무정운』을 기초로 하여 『동국약운』을 간행했다.

「동국정운」

그러나 최만리를 포함한 집현전 학자들은 한글을 한자의 발음기호로 사용한 『동국정운』의 간행을 강력히 반대했다. 그들은 상소문의 마지막 부분에서 다음과 같이 호소했다.

凡立事功, 不貴近速。國家比來措置, 皆務速成, 恐非爲治之體。儻日諺文不得已而爲之, 此變易風俗之大者, 當謀及宰相, 下至百僚國人, 皆曰可, 猶先甲後庚, 更加三思, 質諸帝王而不悖, 考諸中國而無愧, 百世以俟聖人而不惑, 然後乃可行也。今不博採群議, 驟令吏輩十餘人訓習, 又輕改古人已成之韻書, 附會無稽之諺文, 聚工匠數十人刻之, 劇欲廣布, 其於天下後世公議何如?

무릇 사공(事功)을 세움에는 가깝고 빠른 것을 귀하게 여기지 않사온데, 국가가 근래에 조치하는 것이 모두 빨리 이루는 것을 힘쓰니, 두렵건대, 정치하는 체제가 아닌가 하옵니다. 만일에 언문은 할 수 없어서 만드는 것이라 한다면, 이것은 풍속을 변하여 바꾸는 큰일이므로, 마땅히 재상으로부터 아래로는 백료(百僚)에 이르기까지 함께 의논하되, 나라 사람이 모두 옳다 하여도 오히려 선갑(先甲) 후경(後庚)하여 다시 세 번을 더 생각하고, 제왕(帝王)에 질정하여 어그러지지 않고 중국에 상고하여 부끄러움이 없으며, 백세(百世)라도 성인(聖人)을 기다려 의혹됨이 없은 연후라야 이에 시행할 수 있는 것이옵니다. 이제 넓게 여러 사람의 의논을 채택하지도 않고 갑자기 이배(吏輩) 10여 인으로 하여금 가르쳐 익히게 하며, 또 가볍게 옛사람이 이미 이룩한 운서(韻書)를 고치고 근거 없는 언문을 부회(附會)하여 공장(工匠) 수십 인을 모아 각본(刻本)하여서 급하게 널리 반포하려 하시니, 천하 후세의 공의(公議)에 어떠하겠습니까?[53]

최만리 등은, 문자정책은 신중을 기해야 하는 것인데 세종대왕이 너무 급히 처리하는 것이라고 반발했다. 또한 『동국정운』을 인쇄하는 것에 반대했다. 양반들의 한문 발음 학습서를 한글로 번역하여 인쇄하는 것은 결국 양반과 양반의 자제들도 한글을 배워야 한다는 것을 의미했다. 이미 한자를 충분히 알고 있는 양반들로서는 한글을 새로 배워야 한다는 것이 매우 귀찮고 거북한 일이었다. 그러나 그보다 더 큰 반대의 이유가 있었다. 사대부 양반들은 우민들뿐만 아니라 서리와 자신들의 자식이 한글을 배워 모든 사람들이 똑같이 한글을 사용하게 되면, 한자를 이용해서 자신들이 유지해왔던 지식의 독점과 계급의 구분이 붕괴되고, 자신들이 특권을 유지해왔던 전통이 깨질 것을 우려했다. 한글이 나라 글자로 확대될 경우, 그들은 자신의 후손들이 한자를 이용해서 누릴 수 있는 기득권을 상실하게 될 것을 의식적으로든 무의식적으로든 알고 있었다. 한자에 대한 위협은 곧 양반들의 특권에 대한 위협이었다.

---

53) 『조선왕조실록』 세종 103권 26년 2월 20일(경자) / '집현전 부제학 최만리 등이 언문 제작의 부당함을 아뢰다' 중에서. 인용문은 국사편찬위원회에서 제공하는 조선왕조실록(http://sillok. history.go.kr) 사이트에서 발췌한 것이다.

　가장 놀라운 아이디어로 가장 과학적인 문자를 만들고도 그것을 훨씬 어색한 중국 철학 이론에 맞추어 설명함으로써 중국에 대한 사대주의를 증명하고, 한글을 중국문화의 아류로 만들면서 한글의 존재를 합리화하는 방법을 찾을 수밖에 없었던 것이 당시 조선의 왕과 양반들의 한계이자 우리 역사의 한계였다.

세종대왕이 훈민정음을 반포하던 당시의 제자해에는 한글 창제의 원리가 발성기관의 모양과 발성의 원리를 기초로 한다고 설명되어 있다. 바로 이 부분이 한글을 인류가 만들어낸 지적인 창조물 가운데 가장 우수한 것으로 꼽게 만드는 부분이며, 한글 창제의 진수라고 할 수 있다. 그러나 사대에 어긋난다는 사대부 양반들의 거센 상소에 직면한 세종대왕은 최만리 등이 내세운 상소의 대의명분에 대응할 수 없었으며, 언문반대 상소에 대하여 큰 처벌을 내리지 못했다.[54]

대신에 『훈민정음』의 〈제자해〉 부분을 수정하여 한글이 중국의 성운학과 성리학의 기본 이론을 본뜬 것이므로 사대에 어긋나는 것이 아니라고 설명해야 했다. 이 문제를 해결하기 위하여 성리학에 조예가 깊었던 문종은 『훈민정음』 〈제자해〉의 내용을 수정하여 발표했다. 수정된 〈제자해〉는 성리학을 바탕으로 한 철학적인 제자원리를 적용시켰다는 점에서 특색이 있다. 그러나 이 수정본은 결정적으로 두 가지 점에서 한계가 있다. 첫째는 수정된 〈제자해〉는 한글 제자원리의 과학성을 제대로 설명하지 못했다는 점이며, 둘째는 이와 같은 수정으로 인해 한글을 중국 문화의 아류로 만들었다는 점이다.

기본자인 'ㄱ, ㄴ, ㅁ, ㅅ'은 발성기관의 모양을 본떠서 만들었다고 설명되었던 부분은 다음과 같이 개조되었다.

목구멍(喉)은 깊숙하고 젖었으니 물(水)이라. 소리가 비고 통하니, 물이 비며 밝고 흘러 통함과 같음이라. 철로는 겨울이 되고 음악으로는 우조가 된다. 어금니(牙)는 얽히고 기니 나무(木)라. 소리가 후음과 비슷하나 알차니 나무가 물에서 나서 꼴이 있음과 같음이라. 철로는 봄이 되고

---

54) 양반들은 상소문의 초두에서 조선은 중국의 제도를 좇는 사대주의를 건국이념으로 삼고 있으며, 이런 조선에서 한자를 버리고 새로운 문자를 창제하는 것은 오랑캐의 일이라고 강변했다.

음악으로는 각조가 된다. 혀(舌)는 날카롭고 움직이니 불(火)이라. 소리가 구르고 날리니 불이 구을러 퍼지며 휘날림과 같음이라. 철로서는 여름이고, 음악으로는 치조가 된다. 이(齒)는 단단하고 끊으니 쇠(金)라. 소리가 잘게 부서지고 걸리니 쇠가 잘게 부서지고 가루가 되어 다져져 이루어짐과 같음이라. 철로서는 가을이 되고 음악으로는 상조가 된다. 입술(脣)은 모나고 합하니 흙(土)이라. 소리가 머금고 넓으니 흙이 만물을 머금고 감싸서 넓고 큼과 같음이라. 철로서는 늦여름이 되고, 음악으로는 궁조가 된다.[55]

또한 "ㅋ은 ㄱ에 비하여 소리 남이 조금 세므로 획을 더했다."는 초간본의 가획 원리는 다음과 같이 개조되었다.

　　ㄱ은 나무가 바탕을 이룸이고, ㅋ은 나무가 무성하게 자람이고, ㄲ은 나무가 나이가 많아 씩씩함이므로 이에 이르러서는 곧 모두 어금니(牙)를 취하여 본떴음이라.[56]

현대의 세계 언어학자들이 한글에 대하여 가장 놀라워하는 것은 수정된 제자원리가 아니라, 발성기관의 모양을 본떠 만든 원래의 제자해이다. 오늘날 언어학자의 눈으로 보면 이 얼마나 황당한 후퇴이자 궤변인가?

그러나 세종대왕은 결코 한글을 포기할 수 없었다. 세종대왕은 사대부 유신들의 반대에도 불구하고, 1445년(세종 27)에 한글을 사용하여 『용비어천

---

55) 2차 개수 해례본 『훈민정음』(단종 1)의 〈제자해〉 중에서.

56) 위 책 중에서.

가』를 인쇄했다.[57] 또한 과거시험에 한글 쓰기를 필수과목으로 넣기도 했다.

이조(吏曹)에 전지하기를,

"정통(正統) 9년(세종 26) 윤7월의 교지(教旨) 내용에, '함길도의 자제로서 내시(內侍) · 다방(茶房)의 지인(知印)이나 녹사(錄事)에 소속되고자 하는 자는 글씨 · 산술(算術) · 법률 · 『가례(家禮)』· 『원속육전(元續六典)』· 삼재(三才)를 시행하여 입격한 자를 취재하라.' 하였으나, 관리 시험으로 인재를 뽑는 데에 꼭 6가지 재주에 다 입격한 자만을 뽑아야 할 필요는 없으니, 다만 점수[分數]가 많은 자를 뽑을 것이며, 함길도 자제의 삼재(三才) 시험하는 법이 다른 도의 사람과 별로 우수하게 다른 것은 없으니, 이제부터는 함길도 자제로서 관리 시험에 응시하는 자는 다른 도의 예에 따라 6재(六才)를 시험하되 점수를 갑절로 주도록 하고, 다

「용비어천가」

---

57) 『용비어천가』는 조선의 건국을 미화하기 위한 것이었다. 『용비어천가』는 원문인 노래가 있고 그 것을 풀이한 시가 있는데, 노래는 우리말의 노래이고 시는 한시로 되어 있다.

음 식년(式年)부터 시작하되, 먼저 『훈민정음』을 시험하여 입격한 자에게
만 다른 시험을 보게 할 것이며, 각 관아의 관리 시험에도 모두 『훈민정
음』을 시험하도록 하라." 하였다.[58]

한글을 보급하고자 한 세종대왕의 뜻은 원대하고 절실한 것이었다. 그러
나 세종대왕의 큰 뜻은 오래 지속되지 못했다. 한글 사업은 세종대왕의 아
들인 문종 때부터 세조 때까지만 어느 정도 진행되었을 뿐이다. 문종, 단종,
세조는 세종대왕의 뜻을 이어 한자 문헌의 한글 번역과 인쇄를 진행시켰다.
그러나 일반 유신들은 계속 언문반대 상소문을 올리고 한글과 관련된 각종
사업을 반대했으며, 언문청의 폐지를 끈질기게 주장했다. 그러다가 1504년
(연산군 10)에 연산군의 잘못을 지적하는 글이 한글로 쓰여 나붙는 사건이
발생하자, 연산군은 한글 가르치기를 금하고 한글로 된 책들을 불사르게 하
는 어명을 내렸다.

드디어 사람을 물리치고 봉서(封書)를 내렸는데, 그 글 석 장이 다 언
문으로 쓰였으나 인명은 다 한자로 쓰였으며, 첫 표면에는 무명장(無名
狀)이라 쓰였다. 그 내용은 첫째는, "개금(介今)·덕금(德今)·고온지(古
溫知) 등이 함께 모여서 술 마시는데, 개금이 말하기를 '옛 임금은 난시
(亂時)일지라도 이토록 사람을 죽이지는 않았는데 지금 우리 임금은 어
떤 임금이기에 신하를 파리 머리를 끊듯이 죽이는가. 아아! 어느 때나 이
를 분별할까?' 하고, 덕금이 말하기를 '그렇다면 반드시 오래가지 못하려
니와, 무슨 의심이 있으랴.' 하여 말하는 것이 심하였으나 이루 다 기억

---

58) 『조선왕조실록』 세종 116권 29년 4월 20일(신해) / '함길도 자제의 관리 선발에 훈민정음을 시험
하게 하다' 중에서.

할 수는 없다. 이런 계집을 일찍이 징계하여 바로잡지 않았으므로 가는 곳마다 말하는 것이다. 만약 이 글을 던져 버리는 자가 있으면, 내가 '개금을 감싸려 한다.'고 상언(上言)하리니, 반드시 화를 입으리라." 하였고, 둘째는, …….[59]

전교하기를,

"어제 예궐(詣闕)하였던 정부(政府)·금부(禁府)의 당상(堂上)을 부르라. 또 앞으로는 언문을 가르치지도 말고 배우지도 말며, 이미 배운 자도 쓰지 못하게 하며, 모든 언문을 아는 자를 한성의 오부(五部)로 하여금 적발하여 고하게 하되, 알고도 고발하지 않는 자는 이웃 사람을 아울러 죄주라. 어제 죄인을 잡는 절목(節目)을 성 안에는 이미 통유(通諭)하였거니와, 성 밖 및 외방에도 통유하라." 하였다.[60]

2년 후인 1506년(중종 1)에 마침내 언문청이 폐쇄되었다. 연산군의 언문 금지령으로 시작된 한글 탄압은 이후 400년 동안 지속되었다. 한글은 창제된 지 60여 년 만에 한 번도 크게 활용되지 못한 채, 양반집 부녀자와 몇몇 백성들이 개인적으로 사용하는 언문으로 전락하여 그 맥이 겨우 유지되었다. 민주문자였던 한글이 민중을 위한 관용문자로 사용되거나, 지식과 정보의 공유를 위한 민주문자로 사용되기 위해서는 조선의 왕과 양반들 그리고 민중이 민주사회를 필요로 할 때까지 기다려야 했다.

---

59) 『조선왕조실록』 연산 54권 10년 7월 19일(정미) / '신수영이 언문으로 된 투서를 비밀히 아뢰다' 중에서. 인용문은 국사편찬위원회에서 제공하는 조선왕조실록(http://sillok.history.go.kr) 사이트에서 발췌한 것이다.

60) 『조선왕조실록』 연산 54권 10년 7월 20일(무신) / '투서의 일로 언문을 배우거나 쓰지 못하게 하다' 중에서. 인용문은 국사편찬위원회에서 제공하는 조선왕조실록(http://sillok.history.go.kr) 사이트에서 발췌한 것이다.

7_
시대를 앞선 문자, 한글

세계 어디에서도 문자체계가 개선되거나 발전된 후에 그 사회가 정치, 경제 또는 사회적으로 발전했다는 사례는 없다. 어떤 문자가 특정 문명을 창조하거나 발전시키는 것이 아니며, 그 사회가 적정 수준에 도달했을 때 그 사회의 발전을 위해 필요한 문자체계를 찾는 것이다. 15세기 조선은 세상에서 가장 경제적이고 민주적인 한글을 발명했다. 그리고 한글을 제대로 사용할 수 있었다면 동양에서 가장 먼저 지식과 정보, 그리고 정치의 민주화를 실현할 수 있었을 것이다. 그러나 가우어 박사가 지적한 것처럼 단순히 민주문자가 출현했다고 해서 그 사회가 민주화가 되는 것은 아니다. 한글은 조선의 양반 중심의 계급사회를 유지하기 위해서는 매우 부적절한 문자였으며, 조선 사회는 철저하게 한글을 거부했다. 조선 사회는 아직 민주문자를 활용할 준비가 되어 있지 않았다.

세계 문자의 역사를 연구해온 앨버틴 가우어 박사는 문자의 채택과 사회와의 관계에 대하여 다음과 같이 지적했다.

사회가 어떤 종류의 문자를 발전시키는가 혹은 선택하는가 하는 것은 전적으로는 아니더라도 대체로는 사회의 종류에 따라 다르다. 문자의 단순한 사용 가능성이 사회를 변화시키지는 않는다. 만약 문자가 특정 사회의 존재나 존속에 부적절하다면 그 사회는 그 문자와 접촉했을 때 그것을 전적으로 거부하든지 극히 제한된 형태로 수용했을 것이다. 만약 어떤 사회가 어떤 발전단계에 도달하여, 예를 들어 고대 이집트에서 그랬듯이, 체계적인 문자가 상업이나 행정에 중요한 역할을 하게 되면 그 사회는 문자를 출현시키거나, 혹은 정치적인 상황에 따라 다른 그룹의 문자를 수용, 채용, 혹은 개조하게 된다. 이러한 현상은 그 문자 형태가 해당 언어의 언어학적 특성에 극히 부적절하다고 생각될 때에도 생긴다.[61]

세종대왕의 선견지명에도 불구하고 조선 사회는 세 가지 측면에서 아직 한글을 활용할 준비가 되어 있지 않았다.

첫째는, 당시의 중국과 한자의 문화적 지배력이 너무나 거대해서 조선의 능력으로는 그 문화적 종속에서 벗어나기에 역부족이었다는 점이다. 역사 이래 15세기까지 중국은 전 세계에서 가장 진보된 문명을 가지고 있었으며, 아시아의 모든 주변국의 정치와 경제, 문화를 이끄는 선진문명의 모델이었다. 그리고 중국의 선진문명의 지식과 정보의 전달은 한자를 통해서만 가능했다. 존 드 프랜시스(John de Francis)의 추산에 따르면, 1900년까지 중국

---

61) 앨버틴 가우어(1995), 『문자의 역사』, 도서출판 새날, 30쪽.

에서 간행된 서적은 나머지 전 세계의 서적들을 모두 합친 것보다 많았다고 한다. 조선 사대부들에게 한글 채택은 곧 이 모든 고급 정보의 소스인 한자를 포기하는 것과 동일한 것으로 느껴졌을 것이며, 이는 선진문명으로부터의 단절을 의미하는 것이었다. 누구도 이와 같은 단절을 받아들일 수 없었을 것이다.

둘째는, 한자가 가진 관성의 힘이 아직 너무 컸다는 점이다. 한글이 아무리 쉽다고 하더라도 이미 한자를 알고 있는 사대부들은 애써서 새로운 문자를 배워야 할 필요성을 느끼지 못했다. 사대부들은 또한 한글만으로는 당시까지 전해져온 조상의 한자 문헌들을 보존할 수 없다고 생각했다. 최만리 등은 한글이 조선에 퍼지게 되면 중국의 선진문화와 선인들의 문화유산에서 멀어지게 될 것이라고 우려했다. 조선인들에게 '조상의 섬김'은 가장 중요한 덕목 중의 하나였다. 이런 조선의 양반들에게 조상과 이전의 왕조들이 쌓아온 한자 유산을 포기하는 것은 도덕적으로도 용납이 안 되는 일이었다. 오늘의 우리라면 한자 문헌들을 한글로 번역하여 그 맥을 이어가겠다는 비약적 사고를 할 수 있다. 그러나 한자를 배우고 중국 문화를 습득하기에도 시간이 모자라는 사대부들에게는 이와 같은 비약적 사고를 할 여유나 능력이 없었다. 혹여 한두 사람이 그런 생각을 했다고 하더라도, 다수의 양반들을 설득시키는 것은 불가능한 일이었을 것이다. 조선에서 가장 큰 힘을 가진 세종대왕도 설득시킬 수 없었던 양반들이다.

셋째는, 양반들이 기득권을 유지하기 위해서는 한글이 아니라 한자가 필요했다는 점이다. 한자 지식은 양반들을 일반 백성과 차별화할 수 있는 가장 강력한 수단이었다. 양반들은 한자를 이용하여 지식과 정보를 통제할 수 있었으며, 자신들의 기득권을 유지할 수 있었다. 조선의 양반들이 일반 백성에게 한자를 배우는 것을 허락하지 않은 이유는 자신들의 특권을 유지하기 위해서였다. 양반들은 자신들의 기득권을 유지하기 위해서는 한자를 고수해야만 했으며, 한글을 거부해야 했다.

한 사회가 어떤 문자를 선택하는가를 결정하는 가장 중요한 요인은 문자 자체의 우수성이나 과학성이 아니라, 당시 그 사회의 정치적·문화적 성격이다. 아무리 좋은 문자가 발명되었다고 하더라도, 아직 사회가 그 문자를 활용할 수준에 도달하지 못하면 그 문자는 사회 발전에 큰 기여를 하지 못한다. 조선 시대의 한글이 그 경우이다.

이와 반대로 한 사회가 아무리 특정한 수준에 도달했다고 하더라고 적절한 문자체계가 없으면, 문자의 결여가 그 사회의 발전에 걸림돌이 된다. 로마 알파벳을 차용하기 이전의 중국이 그 경우이다. 그러나 사회가 적절한 수준에 도달해 있고, 동시에 적절한 문자체계가 발명되어 두 요소가 병합할 때, 그 시너지 효과는 비약적으로 커져서 그 사회는 극적인 발전을 이루게 된다. 고대 그리스에서는 민주주의를 실현하고자 하는 사회적 분위기와 민주문자의 발명이 동시에 일어났다. 그러자 인류 역사상 어디에서도 이룩하지 못한 획기적인 민주주의가 발전할 수 있었다.

이와 비슷한 일이 1945년 이후 한반도에서도 일어났다. 남들보다 늦었으나 민주화에 대한 사회적 준비가 되었을 때, 우리는 쉽게 활용할 수 있는 민주문자인 한글을 재발견할 수 있었다. 그리고 이 두 요소가 합쳐졌을 때, 우리는 50년 만에 사회적·경제적·정치적인 측면에서 기적이라 이름 붙일 만한 발전을 이룰 수 있었다. 실제로 오늘날 한반도에서 이루어지고 있는 민중의 지식의 공유와 경제력의 재분배는 한글을 통해서 가능한 것이다.

IV
양반 사회의 붕괴,
한글의 부활

대한제국 칙령 제1호
공문서식 제14조

문자의 사용은 관성적인 속성이 있어서, 한 사회가 기존의 문자를 버리고 새로운 문자를 도입하는 것은 매우 어려운 일이다. 그래서 강력한 추진력을 가진 지도자가 특별한 의도를 가지고 적극적인 정책을 펼쳐도 문자의 교체는 쉽지 않다. 세계를 제패한 칭기즈 칸은 몽골 문자를 만들었으나, 몽골 문자는 중국 통치를 위한 공식문자로 발전되지 못했다. 원나라의 공식문자는 여전히 한자였다.

칭기즈 칸이 문자정책에서 실패한 이유는 그의 추진력이나 지도력이 미미했기 때문이 아니라, 중국 사회가 가진 한자의 관성의 힘 때문이었다. 한 사회가 기존의 문자체계를 버리고 새로운 문자체계를 채택하기 위해서는 두 가지 조건이 필요하다. 하나는 강제에 가까운 새로운 문자정책을 실행시킬 수 있는 강력한 지도자의 통치력이고, 다른 하나는 기존의 질서를 무너뜨릴 만한 사회적 변화이다.

560년 전 세종대왕은 신흥국가의 새로운 질서를 확립하기 위하여 한글을 발명했다. 한글을 이용하여 조선 왕조의 기틀을 잡고자 했던 세종대왕의 뜻은 칭기즈 칸 못지않게 강력한 것이었다. 그러나 양반 중심의 조선 사회는 세종대왕 한 사람의 힘으로 움직일 수 없을 만큼 뿌리 깊은 한자문화를 유지하고 있었다. 세종대왕의 절실한 뜻도 한자 사회의 관성 앞에서는 큰 힘을 발휘하지 못했다. 한글로의 변환을 위해서는 조선 사회 전체가 과거의 전통으로부터 벗어날 수 있는 커다란 사회 변혁이 있어야 했다. 조선 말의 국제적 상황은 한자 중심의 양반 체제를 붕괴시킬 만큼 강력한 것이었다. 한반도에서 천 년 이상을 유지해오던 한자문화가 깨지고 한글시대가 도래할 수 있었던 것은 조선 말기의 급격한 사회 변화와 함께, 새로운 나라의 질서를 세우고자 했던 고종의 뜻이 합쳐졌기 때문이다. 100여 년 전 고종은 나라 이름을 대한제국으로 바꾸고, 나라의 공식문자를 한글로 바꿈으로써 쓰러져가는 조선 사회를 일으키고자 했다.

고종은 1894년(고종 31) 11월 21일에 고종 칙령 제1호 공문서식 제14조로 "법률 명령은 다 국문으로 본을 삼고 한문 번역을 붙이며, 혹 국한문을 혼용한다."라는 한글전용 대원칙에 관한 법령을 공포했다. 비로소 한글에 '국문'이라는 이름이 처음으로 붙여졌으며, 한글이 공용문서에 사용되기 시작했다. 한글이 400여 년 만에 처음으로 모든 백성이 사용해야 하는 문자가 되었다. 비록 이 당시의 문서가 국한문이 혼용된 문서였으며 한자에 토를 단 정도에 불과했지만, 중국이나 다른 열강들의 간섭에서 벗어나 자주독립 국가의 기틀을 확립하는 것이 필요하다는 것을 인식하고, 그 기반을 잡아가는 과정에서 한글을 채택했다는 사실은 우리나라의 자립과 민주화 과정에서 매우 중요한 전환점을 마련하는 사건이었다.

세종대왕이 못한 일을 고종이 할 수 있었던 이유 중의 하나는 쓰러져가는 조선과 함께 조선을 지배했던 양반들이 힘을 잃고 있었기 때문이다. 결국 조선은 36년간 일본의 식민통치를 겪게 되었다. 하지만 대한제국이 선택한 한글은 일제 강점기 동안 조선인들의 교육을 확산시키고, 조선인의 정체성을 심어주는 요소였으며, 조선인들을 하나로 묶어주는 연결고리였다. 혹독한 일제 강점기를 넘기면서도 한글은 점차 힘을 키워가며 미래 한국의 부흥과 번영을 준비하고 있었다.

광복 후에 남한과 북한에서 한글을 공용문자로 채택할 수 있었던 것은 일제 강점기를 겪는 동안 한자문화의 중심세력이었던 양반 계층이 완전히 무너짐으로써 한자 중심의 전통이 깨진 상태였기 때문이다. 또한 민주화로 가는 과정에서 국민 모두가 쉽게 배우고 사용할 수 있는 민주문자가 절실히 필요하게 되었기 때문이기도 하다. 그 당시 가시권의 문자로 한자와 로마 알파벳과 한글이 있었으나, 그중에서 우리말을 표기하기에 가장 적절하고 배우기 쉬운 한글을 선택한 것은 당연한 수순이었다.

여기서 너무도 다행스러운 것은 그 당시까지 한글이 사라지지 않고 유지되고 있었다는 것이다. 만약 대한제국이 민주문자를 필요로 하는 시기가 되었을 때 한글이 완전히 사멸했다거나 아예 한글 자체가 창제되지 않았다면, 우리에게 어떤 일이 일어났을까? 생각만으로도 너무나 끔찍한 일이다.

다행스럽게도 개화의 물결과 함께 대한제국이 민주문자를 받아들일 준비가 되었을 때, 우리에게는 준비된 민주문자 한글이 있었다.

한글의 힘을 간파한 선각자, 헐버트

　인류의 역사를 바꾼 어떤 혁명도 어느 날 갑자기 일어나는 경우는 없다. 그 뒤에는 시간을 두고 축적되어온 에너지가 있다. 그리고 그 에너지에 불을 댕긴 도화선이 있기 마련이다. 한글을 공식문자로 채택한 고종 칙령은 그 당시 한글혁명이었다. 한글을 창제한 세종과 고종 사이에는 450년의 간극이 있다. 양반들의 무지와 무의지에도 불구하고 그 오랜 기간 동안 한글이 가진 힘을 향한 갈구들이 쌓이고 있었다. 그런데 한글의 에너지를 폭발시키는 도화선의 역할을 한 인물은 누구였을까? 그는 한글의 힘을 누구보다 먼저 알고, 고종에게 한글의 힘을 이해시킨 호머 헐버트였다.

고종 칙령은 단지 한자에서 한글로 문자만 바꾼 단순한 문자정책의 변화가 아니었다. 그것은 한자와 한문을 중심으로 형성되어온 한반도 2,000년의 지식기반과 양반 중심의 문화를 뒤집는 혁명이었다.

고종 칙령의 혁명성을 감지하는 순간 우리는 묻지 않을 수 없다. 어떻게 이런 비약이 가능했던 것일까? 고종 칙령 직전까지 한글은 힘없는 평민과 아녀자들이 사용하는 지하문자일 뿐이었다. 고급 지식의 승계를 위해 사용되거나 법적인 효력을 가지는 공식문자로 사용된 적이 없다. 그런데 어떻게 한순간에 450년이나 지속된 조선 양반들의 한자문화를 꺾고 조선의 공식문자로 격상될 수 있었을까? 한글의 비약 뒤에는 한글의 과학성과 민주성에 매료되었던 23세의 젊은 미국인 호머 헐버트가 있다. 헐버트의 한글 사랑과 한글 실천은 고종을 움직여 한글혁명을 이루는 바탕이 되었다.

헐버트와 고종의 인연은 육영공원에서 시작되었다. 육영공원은 고종의 윤허로 조선 정부가 세운 최초의 서양식 학교이다.[62] 헐버트는 1886년 '육영공원'의 교사로 일하기 위해 한국에 첫발을 디뎠다. 육영공원은 과거에 급제한 젊은 관리와 양반 자제들에게 영어와 신학문을 가르치기 위한 학교였는데, 육영공원에 대한 고종의 관심이 매우 컸다. 고종은 수업 참관도 하고, 심지어 직접 학생들을 상대로 영어시험도 치렀다. 헐버트는 고종을 위해 영어 문제와 답을 발음은 한글로 쓰고, 뜻은 한문으로 미리 써서 준비했다. 고종은 이 질문지를 가지고 학생들에게 직접 영어로 물어보고 학생의 답을 평가했다고 한다. 예를 들어 고종은 "웨어 아 유 프럼?" 하고 묻고, 학생이 "아이 엠 프럼 코리아."라고 답했을 것이다. 헐버트는 한글로 발음을 써놓으니,

---

62) 육영공원은 1883년 보빙사로 미국을 시찰하고 온 민영익 등이 신학문 교육의 필요성을 느껴 고종에게 신교육기관의 설립을 제안하고, 고종이 수락하여 세워진 학교였다. 배재학당(1885), 이화학당(1886), 언더우드 학당(1885)은 미국 선교사들에 의해 설립되었다.

임금이 영어를 몰라도 시험이 가능한 것을 보면서 한글이 매우 우수한 문자임을 확인하고, 이때부터 한글에 매료되기 시작했다고 한다.[63]

헐버트의 한글 사랑은 무엇보다 한글의 우수성에 바탕을 둔 것이었다. 헐버트는 한글을 배운 지 4일 만에 한글을 읽을 수 있었다고 한다.[64] 그는 한글이 세상에서 가장 배우기 쉬운 문자라는 사실을 자신이 경험으로 터득했던 것이다. 이후 헐버트는 조선의 학생들을 가르치기 위해서는 자신이 한국어를 먼저 배워야 한다고 생각하고 주위 조선인들의 도움을 받아가며 한국어와 한국의 역사를 배웠다. 그의 한국어 능력은 3년 만에 세계 지리와 문화, 산업, 교육 등을 총망라한 책을 한국어로 저술할 만큼 발전했다.

호머 헐버트

『ᄉ민필지』

---

63) 김동진(2010), 『파란눈의 한국혼 헐버트』, 참좋은친구, 65쪽.

64) 김동진(2010), 앞 책, 116쪽.

헐버트의 첫 번째 한글 사업은 우리나라 최초의 한글전용 교과서인『ᄉᆞ민
필지』[65]를 저술한 것이다. 그가 조선에 온 지 3년 만인 1889년의 일이었다.
『ᄉᆞ민필지』의 서문은 한글의 잠재력에 대한 그의 믿음이 얼마나 깊은 것이
었는가를 그대로 보여준다.

> 또 생각건대 중국 글자로는 모든 사람이 빨리 알며 널리 볼 수가 없고
> 조선 언문은 본국 글일뿐더러 선비와 백성과 남녀가 널리 보고 알기 쉬
> 우니 슬프다! 조선 언문이 중국 글자에 비하여 크게 요긴하건만 사람들
> 이 요긴한 줄도 알지 아니하고 오히려 업신여기니 어찌 아깝지 아니하리
> 오. 이러므로 한 외국인이 조선말과 어문법에 익치 못한 것에 대한 부끄
> 러움을 잊어버리고 특별히 언문으로 천하 각국 지도와 목견한 풍기를 대
> 강 기록할 새 먼저 땅덩이와 풍우박뢰의 어떠함과 차례로 각국을 말씀하
> 니 자세히 보시면 각국 일을 대충은 알 것이요, 또 외국 교접에 적이 긴
> 요하게 될 듯하니 말씀의 잘못됨과 언문의 서투른 것은 용서하시고 이야
> 기만 자세히 보시기를 그윽이 바라옵나이다.[66]

헐버트는『ᄉᆞ민필지』서문 첫머리에서 국제화가 급속히 진행되는 국제 정
세 속에서 강대국은 국민들에게 남녀를 구분하지 않고 세계의 지리와 문화

---

65) 김동진(2010), 앞 책, 80쪽.
　『ᄉᆞ민필지』의 첫 번째 목적은 육영공원의 수업 교재로 사용하기 위함이었다. '선비와 백성 모두
　가 반드시 알아야 할 지식'이라는 뜻으로, 영어로는 'Knowledge Necessary for All', 한자로는 '士
　民必知'라 썼으며, 1891년에는 육영공원 학생들뿐만 아니라 다른 학생들과 일반인들도 볼 수 있
　는 책으로 출판되었다. 1906년에 2판, 1909년에 3판이 나왔으며, 1895년에는 한자로 번역된 한
　역판도 나왔다.
66) 김동진(2010), 앞 책, 77쪽.
　『ᄉᆞ민필지』서문의 마지막 부분.

와 정치를 가르치며 외국과의 교류를 준비한다고 말한다. 조선이 이런 세계의 국제화 조류에 대처하기 위해서는 한국어와 한글을 사용하여 모든 국민에게 쉽고 빠르게 이 모든 것을 교육해야 하는데, 조선이 한글을 홀대하는 것이 애석한 일이라고 한탄한다. 그리하여 외국인으로서 조선말이 아직 서툴지만, 조선인들이 세계의 흐름을 이해하는 것을 돕기 위하여 한글로 책을 쓴다고 말한다. 『亽민필지』는 당시 조선의 양반들뿐만 아니라 평민들에게도 많은 영향을 미쳤으며, 한미 이민사를 연구한 대니얼 애덤스(Daniel J. Adams)는 "헐버트의 『亽민필지』가 한국인들에게 서방세계를 알게 하여 많은 하와이 이민자들이 이민 결심을 하게 되는 주요 동기가 되었다."라고 한다.[67]

헐버트는 한글의 과학성과 독창성을 세계의 어느 언어학자보다 먼저 발견하고, 세상에 소개한 사람이기도 하다. 헐버트는 1892년 우리나라 최초의 영문 월간지 『한국소식(The Korean Repository)』 창간호와 3월호에 『한글(The Korean Alphabet)』과 『한글2(The Korean Alphabet II)』라는 제목의 논문을 연이어 발표하며 한글의 우수성을 알리기 시작했다. 헐버트가 1903년 미국 스미스소니언 협회 연례보고서의 학술 논문란에 기고한 「한국어(The Korean Language)」는 한글의 우수성을 국제사회에 소개한 최초의 글이었다. 그는 한글에서 음절의 핵심인 모음에 '어미(mother)'라는 이름을, 자음에 '자식(child)'이라는 이름을 붙인 조선인들의 언어학적 혜안과 기지에 감탄하기도 했다.

헐버트의 한글의 우수성에 대한 믿음과 한글 실천은 조선 왕조의 한문 중심 문화를 흔들기에 충분했다.

고종은 조선의 부흥을 위해 가장 중요한 과제가 '교육'이라고 생각했다.

---

67) 김동진(2010), 앞 책, 79쪽에서 재인용.

고종이 '모든 백성을 위한 교육'이라는 목표를 잡았을 때, 헐버트가 고종에게 한글의 중요성을 설득시키는 것은 어렵지 않았다. 그는 고종 칙령이 있기 전에 이미『ᄉ민필지』와 한글 관련 논문 발표를 통해 교육 도구로서의 한글의 가능성을 고종과 조선인들에게 보여주었다. 헐버트의 한글 활동은 고종에게 한글의 우수성을 보여준 확실한 증거였다. 한글을 공식문자로 비약시킨 고종 칙령 뒤에는 헐버트의 한글 사랑과『ᄉ민필지』가 있었다.

헐버트의 한글 활동과 관련하여 빼놓을 수 없는 또 하나의 활동은 헐버트의 '삼문출판사(Trilingual Press)' 활동이다.[68] 삼문출판사는 우리나라 최초의 한글전용 신문인『독립신문』을 인쇄한 곳이다. 또 배재학당에서 헐버트의 제자였던 주시경이 헐버트의 가르침을 받으며 아르바이트를 한 곳이기도 하다. 헐버트는 1893년부터 1897년까지 감리교 출판부였던 삼문출판사를 운영했다. 1896년 헐버트가 삼문출판사의 책임자로 일하고 있을 때, 서재필이 미국에서 귀국했다. 서재필은 조선의 사회 개혁을 위해 언론이 꼭 필요하다고 생각하고, 귀국하자마자 헐버트를 만나 신문 제작에 관해 의논했다. 그리고 미국에서 귀국한 지 4개월 만에 우리나라 최초의 한글 신문인『독립신문』을 탄생시켰다. 2,000년 동안 한자로 쓴 이두문과 한문만 공식문서로 인쇄하던 한반도였다. 그러던 한반도에 한글전용 신문이 논의되기 시작한 지 4개월 만에 인쇄되어 배포되는 비약이 어느 날 갑자기 일어날 수 있었을까? 그렇지 않다.『독립신문』뒤에는 헐버트가 기반을 닦아놓은 '삼문출판사(Trilingual Press)'가 있었다.

---

68) 김동진(2010), 앞 책, 100쪽.
　　'삼문(三文)'은 한글, 영문, 영어로 출판한다는 뜻이다.

한글 보급을 선도한
『독립신문』과 한글성경

고종의 칙령과 함께 한글을 공식문자로 자리매김하게 만든 결정적인 사건은 한글전용으로 인쇄된 『독립신문』의 간행이었다. 그리고 한글 보급을 선도한 한글 활동은 기독교의 성경 번역이었다. 『독립신문』은 서재필과 주시경 등을 중심으로 독립협회에서 1896년 4월 7일 창간되었다. 첫해에는 4면 중 3면을 한글전용인 〈독립신문〉으로 편집하고, 나머지 1면을 영문판인 〈THE INDEPENDENT〉로 편집하여 발행했으며, 그 다음 해인 1897년 1월 5일 자부터 국문판과 영문판이 분리되어 1899년 12월 4일 자로 폐간될 때까지 3년 8개월간 한글전용으로 발행되었다. 『독립신문』의 정신과 그 역할은 100여 년이 지난 지금도 창간사에서 확인할 수 있다.

『독립신문』은 19세기 말 대한제국에서 한글의 자리매김과 민중의 계몽을 위하여 선두적인 역할을 했다. 1895년 유길준이 미국에서 유학을 마치고 돌아와서『서유견문』을 국한문 혼용으로 출판했을 때 당시의 지식인들은 학식 있는 유길준이 한글을 사용한다고 강력히 비난했다. 지금은 이해되지 않는 비난이지만, 이 일례만으로도 당시까지 조선에서 한글이 어느 정도의 취급을 받고 있었는지 짐작할 수 있다. 이런 시기에『독립신문』이 한글전용으로 발행되었다는 것은 매우 혁신적인 일이었다. 무엇보다도 한글전용으로 민중을 위한 신문을 만들었다는 점에서 한반도에서 한글을 민중 속으로 확산시키는 발판을 다지는 획기적인 시도였다. 비록『독립신문』의 정신이 실질적으로 한국의 일간 신문에서 실천되기까지는 다시 100여 년을 더 기다려야 했지만 창간사에는『독립신문』의 정신적 지향이 잘 나타나 있다.

　　우리 신문이 한문을 아니 쓰고 다만 국문만 쓰는 것은 상하귀천(모든 사람)이 다 볼 수 있도록 함이다. 또 국문을 이렇게 구절을 띄어 쓰는 것은 누구라도 이 신문 보기가 쉽고 신문 속에 있는 말을 자세히 알아보게 함이다. 각국에서는 사람들이 남녀를 막론하고 본국 국문을 먼저 배워 능통한 후에야 외국 글을 배우는 법인데, 조선에서는 조선 국문은 배우지 않더라도 한문만 공부하는 까닭에 국문을 잘 아는 사람이 드물다. 조선 국문과 한문을 비교하여 보면 조선 국문이 한문보다 얼마나 나으며, 무엇이 나은 점인가 하면 첫째는 배우기가 쉬우니 좋은 글이요, 둘째는 이 글이 조선 글이니 조선 사람들이 알아서 백사(모든 일)를 한문 대신 국문으로 써야 상하귀천이 모두 보고 알아보기가 쉬울 것이다. 한문만 늘 써 버릇하고 국문은 쓰지 않는 까닭에 국문만 쓴 글을 조선 사람들이 오히려 잘 알아보지 못하고, 한문은 잘 알아보니 그게 어찌 한심하지 아니하리요? 또 국문을 알아보기가 어려운 건 다름이 아니라 첫째는 말 마디를 띄어 쓰지 않고 그저 줄줄이 내려쓰는 까닭에 글자가 위에 있는 지 아래에 있는지 몰라서 몇 번 읽어 본 후에야 글자가 어디부터인지 비로소 알고 읽으니 국문으로 쓴 편지 한 장을 보려면 한문으로 쓴 것보다 더디 보고 또 그나마 국문을 자주 쓰지 않으므로 서툴러서 잘못 보기 때문이다. 그러므로 정부에서 내리는 명령과 국가 문서를 한문으로만 쓴 즉 한문을 모르는 사람은 남의 말만 듣고 무슨 명령인 줄 알고 자기가 직접 그 글을 못 보니 그 사람은 무단히 바보가 된다. 한문을 모른다고 그 사람이 무식한 사람이 아니라 국문만 잘 알고 다른 물정과 학문이 있으면 그 사람은 한문만 알고 다른 물정과 학문이 없는 사람보다 유식하고 높은 사람이 되는 법이다. 조선 부인네도 국문을 잘하고 여러 물정과 학문을 배워 소견이 높고 행실이 정직하면 빈부귀천에 상관없이 그 부인이 한문을 잘 알고도 다른 것은 모르는 귀족 남자보다 높은 사람이 되는 법이다. 우리 신문은 빈부귀천에 상관없이 이 신문을 보고 외국 물정과 국내 사정을 알게 하려는 뜻이니 남녀노소 상하귀천 간에 우리 신문을 격일로 몇 달간 보면 새 지식과 새 학문이 생길 것을 미리 아노라.

『독립신문』은 그 곧은 정신에도 불구하고 3년 8개월 만에 폐간되었으며, 한글 확산에 지속적인 영향을 미치지 못했다. 한편, 한글의 보급이라는 측면에서 빼놓을 수 없는 또 하나의 한글 활동은 기독교의 성경 번역이다. 스코틀랜드의 존 로스(John Ross) 목사는 1877년 이응찬과 함께 성경의 한글 번역을 시작했으며, 서상륜, 백홍준 등의 도움을 받아 1887년에 최초의 한글 신약전서인 『예수성교전서』를 출간했다. 로스의 성경은 『독립신문』과 함께 한자의 도움 없이 한글만으로도 모든 정보를 충분히 전달할 수 있다는

「독립신문」　　　　　　　　　　　　「독립신문」 영문판

것을 보여준 본보기가 되었다. 로스는 한글성경 출판 이전인 1881년에 이미 최초의 한글 기독교 문서인 『예수성교문답』과 『예수성교요령』을 출간했으며, 1877년에 이응찬과 함께 선교사를 위한 한국어 교본인 『Corean Primer』를 간행하여 외국인이 한글을 공부할 수 있도록 돕기도 했다. 그 후 성경 번역뿐만 아니라 찬송가, 교리서 등 수많은 기독교 관련 서적들이 한글로 만들어졌다. 한글성경은 대한제국과 일제 강점기 동안 한반도의 곳곳에서 한글 학습의 교본으로 사용되었으며, 문자를 몰랐던 많은 한국인들이 성경을 읽으면서 한글을 배웠다. 한글성경은 광복 이후 한글 교육이 본격화되기 이전까지 한글의 보급을 도와주는 가장 중요한 수단 중 하나였다.

　산업혁명 이후 제국주의의 확장과 함께 기독교의 포교활동이 전 세계의 저개발국으로 확산될 때, 가장 중요한 선교활동 중의 하나가 문자가 없는 민족이나 부족들에게 로마 알파벳을 이용하여 문자를 만들어주는 것이었

『예수성교전셔』(1887)　　　　『예수성교전셔』를 번역한 선교사 존 로스

다. 그러나 조선의 경우는 알파벳보다 더 쉬운 한글이 있었다. 한국에서 기독교가 파격적인 속도로 보급될 수 있었던 이유는 기독교가 한글을 적극적으로 활용했기 때문이기도 하다.

　기독교는 한반도 내에서 그 역사의 길이로 볼 때 불교와는 비교되지 않을 만큼 짧은 역사를 가진 종교이다. 그러나 오늘날 기독교가 한반도에서 불교 이상으로 큰 영향력을 행사하는 종교로 급성장한 이유 중의 하나는 누구나 쉽게 접근할 수 있는 한글을 포교의 수단으로 사용했기 때문이다. 기본적으로 한자에 의존하여 발전해온 불교계는 불교 서적과 종교 형식들을 한글화하는 데에서 기독교만큼 민첩하지 못했으며, 불교의 한글화가 늦어진 만큼 불교의 대중화도 지연되었다. 한글은 기독교의 확산을 돕고, 기독교는 한글의 보급을 도왔다. 모든 도구는 그 가치를 알고 활용하는 사람의 편이다. 경험적으로 문자의 위력을 아는 서양 선교사들이 한글의 힘을 누구보다 먼저 파악하고 그것을 십분 활용했다.

다시 한 번 다행스럽게 생각하는 것은 우리 사회가 민주문자를 받아들일 준비가 되었을 때, 우리 바로 옆에 세상에서 가장 훌륭한 민주문자 한글이 있었다는 것이며, 더구나 한글은 누구에게 빌린 것이 아니라 우리 민족이 창조한 문자였다는 것이다.

4_
한글의 기계화를 선도한
세벌식 타자기

세종대왕이 한자와는 전혀 다른 과학적인 원리를 가진 한글을 발명함으로써 한자에 대한 과감한 도전을 시도했을 뿐만 아니라, 인류가 발명한 문화유산 중에서 최고의 독창성을 발휘하는 문자를 남겼다면, 공병우 박사는 500여 년의 간극을 뛰어넘어 한글의 과학성과 경제성을 정확히 이해하고 이 원리를 한글의 기계화에 적용하여, 한글로 가장 효율적인 정보화가 가능함을 증명했다.

해방 직후 경성의학전문학교에서 강의도 맡았지만 한국말로 의학 용어가 번역되어 있지 않은 때라 매우 힘들었다. 강의 도중에 일본 용어가 예사로 튀어나오기 일쑤였다. 한국 사람이 제 나라 말로 강의를 하는 데 몹시 서툴러 진땀을 빼지 않을 수 없었다. 한국말을 되찾은 해방이 되었지만, 한국말로 강의하기가 힘들어 난처하기만 했던 한국인 교수였고, 지식인이었고, 의사였다. 이것이 당시의 우리나라 지식인의 일반적인 모습이었는지도 모른다. 그런 상황에서 나는 우선 일본어로 통용되던 안과의 의학 용어부터 한국말로 번역해야겠다는 생각이 들었다. 그래서 나는 안과학의 강의를 위해서라도 해방 전에 내가 일본말로 썼던 소안과학 책을 끄집어내 한글로 번역하는 작업을 시작했다.

이를 깨끗이 원고지에 정리하는 일을 두 사람의 조수가 맡았다. 그런데 정서하는 것이 너무 진도가 늦어 답답하기만 했다. 그것도 두 사람의 필체는 제각기 개성이 있어서 한 사람은 갈겨쓰는 데다 흘려 쓰기도 했고, 또 한 사람은 괴상한 버릇이 있어 두세 번 읽어야 뜻을 간신히 알 수 있는 글씨였다. 이 과정에서 나는 '우리도 영어타자기처럼 한글을 찍는 기계가 있으면 얼마나 좋을까?' 하는 생각이 문득 들었다. 나는 곧바로 시중에 나가서 한글타자기를 두 대 사 들고 들어와 분해하기 시작했다.[69]

위의 글은 공병우 박사의 회고록의 일부이다. 60여 년 전만 해도 우리나라의 지식인들이 우리말과 한글로 지식을 전달하는 것 자체가 어려울 만큼 한국어와 한글의 기반이 약화되어 있었다는 것이 오늘의 우리에게 새삼스

---

69) 공병우(1989), 『나는 내식대로 살아왔다』, 대원사, 72~73쪽.
공병우 타자기 이전에 발명된 한글타자기로는 1910년까지 사용되었던 이원익 씨의 타자기와 1930년대에 개량된 송기주 씨의 타자기가 있다. 이 두 타자기는 한글을 가로로 찍어 세로로 읽는 형식이었다. 당시 모든 인쇄물이 세로로 내려 썼기 때문이다.

공병우 박사   세벌식 타자기

럽게 다가온다.

이런 열악한 상황 속에서 공병우 박사는 자신의 지식을 한글로 번역하는 개인적인 차원에서 그치지 않았다. 공병우 박사는 한글이 아직 걸음마 단계에 있던 이 시기에 이미 문자가 정보전달의 가장 기본적인 수단이라는 것을 감지했다. 또 정보전달의 핵심은 모양이 아니라 속도에 있다는 것을 누구보다 먼저 깨달았다. 뿐만 아니라, 한글 입력의 효율성을 높이기 위하여 한글 타자기를 실제로 개발해내는 실천력과 기예를 보여주었다는 점에서 명실공히 한글 기계화의 선구자였다.

공병우 박사는 한글의 구성 원리와 과학성을 누구보다 정확하게 이해했다. 그는 한글타자기를 개발하기 위해 한글의 구성 원리를 공부하다가 한글의 과학성을 깨닫게 되었다고 한다. 공병우 박사는 세종대왕이 한글에 담은 지혜와 기예를 500여 년이 지난 후에 가장 명확하게 깨달은 후손일 뿐만 아니라, 한글에 담긴 과학성의 원리를 기계화 과정에 새롭게 적용시킨 선각자적인 장인이다. 한글 인쇄사에서 공병우 박사의 세벌식 타자기의 발명은 구텐베르크의 발명에 버금가는 비약이었다.

나는 어느 정도 기계에 대해 알게 되자, 이번에는 우리나라 글의 음운 조직을 공부하였다. 한글의 기막힌 규칙적 법칙에 절로 탄성이 나올 지경이었다. 나는 한글의 과학성에 대해 새로운 눈을 뜨게 된 것이다. 어떻게 한글쓰기의 기계화를 할 수 있을까? 그 방법을 연구하기에 이르렀다. 누구나 한글타자기를 연구하는 사람이면 으레 처음 부딪치게 되는 골칫거리가 있다. 받침을 어떤 방식으로 처리하느냐 하는 문제이다. 영어처럼 한 자 한 자 글쇠를 누를 때마다 소정의 길이만큼 옆으로 전진만 하면 간편하겠는데, 한글은 받침이 있기 때문에 받침이 있을 때마다 앞으로 전진을 해서는 안 된다. 홀소리의 오른쪽으로 전진해서 찍히면 안 되고, 홀소리 밑으로 내려가서 찍혀야 한다.

홀소리만 해도 그렇다. ㅏ, ㅑ 나 ㅓ, ㅕ 처럼 모든 홀소리가 닿소리의 오른쪽에 언제나 붙게 되어 있다면 오죽 좋을까? 글쇠를 누를 때마다 영어처럼 오른쪽으로 전진만 하면 좋을 테니까 말이다. 그러나 ㅡ, ㅜ, ㅠ 등 아래로 붙는 홀소리가 있어 일률적으로 영어 타자기 흉내만 낼 수 없게 되어 있어 근본적으로 영어보다는 까다로운 연구가 될 것이라 생각하였다.

한글은 무척 구조가 복잡한 것 같지만 개성이 뚜렷한 일정한 법칙이 있는 글임을 알았다. 이것이 한글타자기 만드는 데 중요한 연구 과제란 것도 알게 되었다. 초보적인 연구 단계에 머물러 있는 사람 중에는 이 받침 때문에 한글을 숫제 풀어쓰기로 하자면서 세종 임금님을 원망하기까지 하고, 또 두벌식 풀어쓰기를 주장하는 사람들도 있었다.

한글타자기를 연구하는 사람이면 누구나 한 번쯤은 초기에 두벌식이라고 하는 걸림돌에 부딪치기 마련이다. 이는 한글타자기 연구의 초기 현상이라고도 말할 수 있다. 처음에는 나도 한글의 음운 구조가 두벌식으로 풀어쓰게 되어 있었다면, 한글의 기계화는 월등히 쉽겠다는 엉뚱한 환상 속에서 오랜 시간을 방황하였다. 풀어쓰는 방식은 아니더라도 두벌식으로 현행 맞춤법을 찍을 수 있는 방안도 모색하였다. 쉽사리 만들어질 것으로 기대하고 시작한 일이 뜻밖에도 제대로 풀리지 아니하여 갖은 고생을 다했다. 그러나 단념하지 않았다. 끈질기게 연구를 계속했다. 하루하루가 새로운 탄생을 위한 진통의 세월이라 생각하고 버티어 갔다. …… 나는 두벌식 자판으로 만든 타자기를 포기한 다음에 우리 한글의 구성 원리에 맞추어 세벌식 타자기를 개발하였다. 나는 한글 원리와 일치하는 세벌식 타자기 개발을 목표로 삼고 지금까지 연구하던 두벌식 방식을 미련 없이 포기했다.[70]

　　한글의 기계화에 평생을 보낸 공병우 박사는 타자기에서 멈추지 않고 컴퓨터에 눈을 돌려 한글 워드프로세서도 개발했다. 세종대왕은 세계에서 가장 과학적이고 경제적인 문자체계를 개발하고도, 한자문화에서 유래된 마지막 껍질 하나를 깨지 못했다. 바로 글자의 모양을 정사각형의 네모난 틀로 유지해야 한다는 고정관념이었다. 그런데 이 껍질은 너무나 단단해서 한글이 창제된 이래 500여 년 동안이나 깨지지 않고 유지되었다. 그리고 이 껍질은 한글이 지니고 있는 경제적인 원리를 기계화에 응용하지 못하게 만드는 장벽이 되었다.

　　한글의 글꼴은 공병우 박사의 빨랫줄 글자체가 나오기 전까지 정사각형

---

70) 공병우(1989), 앞 책, 84~85쪽.

네모꼴 상자 안에서 빠져나오지 못했으며, 한글의 기계화도 절름발이 상태를 면치 못했다. 공병우 박사는 한글의 글꼴에 대한 경직된 사고방식이 한글 기계화의 발목을 잡는 요인이라는 것을 간파하고, 한글의 기계화를 통한 사회변화를 위해서는 이러한 잘못된 고정관념에서 벗어나야 한다는 것을 가장 먼저 그리고 꾸준히 지적했다. 공병우 박사는 문자를 서예의 도구가 아니라 정보전달과 사무처리를 위한 수단으로 보아야 할 시대가 왔음을 누구보다 먼저 깨달았다. 그리고 이 사실을 여러 사람들에게 알려주고자 했다.

한글은 세계에서 으뜸가는 과학적인 글이라고 하면서도 황소걸음으로 발전하고 있는 것은 아무리 생각해도 안타까운 일이 아닐 수 없다. 로마자의 컴퓨터화는 비행기 같은 속도로 달리고 있는데 왜 한글의 컴퓨터화는 이렇게 더딘 것일까?

여러 가지 원인이 있겠지만 그 중에서도 가장 두드러진 원인은 입력을 한글 구성 원리대로 초성, 중성, 종성으로, 말하자면 세벌식으로 하지 않고 두벌식으로 하는 데 원인이 있고, 다음은 글자꼴을 일정한 네모 공간 틀 속에 가두어 넣어 만드는 데에 있다고 본다.[71]

그래서 나는 한글의 구성 원리대로 타자도 세벌식으로 입력하고, 한글의 조합도 세벌식 출력을 통해 하도록 이른바 세벌체란 글씨체를 채용하기로 한 것이다. 받침이 있는 글자는 받침이 없는 글자보다 더 길어야 여러 면에서 합리적이고 효율적인 것이다. 그것은 과학적으로 볼 때 잘못 읽기 쉬운 오독률도 줄어들고, 읽는 속도도 빠르다는 것을 알게 되었다.

---

71) 공병우(1989), 앞 책, 197쪽.

글자의 윗부분의 선을 맞추었을 뿐 아랫도리는 글자마다 길이가 다르기 때문에 흔히 이 글씨체를 빨랫줄 글씨체라고도 한다. ……

　이 세벌체는 한글을 컴퓨터화시키는 데 무리도 없고 어떠한 컴퓨터에서도 아주 쉽게 갖가지 기능을 영어에서처럼 발휘할 수 있는 것이다. 『한글 자형학』이란 저서를 통해서 한글 자형학의 학문적 체계를 세운 송현 씨는 "일정한 공간에 '를'자와 '그'자를 똑같이 배분하는 것은 마치 택시와 버스의 정원을 같이 하는 것이나 다름없다. 이처럼 공간 배분을 비합리적으로 하기 때문에 한글의 가독성이 낮은 것은 너무나 당연하다."라고 그의 '현대 한글의 예속과 해방'이란 논문에서 지적한 바 있다.[72]

　안과 의사였던 공병우 박사는 1949년 고성능 한글타자기 발명에 성공한 뒤, 세벌식 '공병우 타자기'를 비롯하여 '쌍촛점 타자기' 등 일반인을 위한 한글타자기를 개발했을 뿐만 아니라, 1971년에는 시각 장애인들을 위한 '점자 한글타자기'를 개발했다. 또한 1989년에는 시각 장애인들이 컴퓨터로 글을 손쉽게 쓸 수 있도록 시각 장애인용 워드프로세서를 개발하기도 했다. 이 워드프로세서는 글자판에서 입력하는 한글이 소리로 나오는 것이어서 시각 장애인들이 자유자재로 수정을 하고 편집도 할 수 있는 것이었다.

　세종대왕이 주위의 어떤 사람들도 문자 활용의 중요성을 깨닫지 못하고 있던 시대에 너무 앞선 생각들을 가지고 한글을 창제했던 것과 비슷하게, 공병우 박사는 한글 자체가 제대로 자리를 잡지도 못하고 대접도 받지 못하고 있던 시대에, 아무도 그 중요성을 이해하지 못한 이른 시기에 한글의 기계화와 전산화를 실행해냈다. 그러나 공병우 박사의 발명품들이 더욱 값지고 중요한 이유는 시대를 앞선 것이었다는 시간성보다는 공병우 박사가 한

---

72) 공병우(1989), 앞 책, 206~207쪽.

글의 과학적인 원리를 그대로 이용한 한글 기계화를 실천했다는 점이다. 공병우 박사는 한글 원리를 적용한 한글 기계화가 곧 가장 실용적인 한글 기계화라는 것을 보여줌으로써, 한글의 과학성과 실용성을 다시 한 번 우리에게 확인시켜준 것이다. 그러나 그의 혈투에 가까운 노력에도 불구하고 많은 사람들이 여전히 한글의 과학성에 대해 무지하고 무관심한 것에 대해 공병우 박사는 심히 우려했었다.

> 과학적인 한글을 비과학적으로 전문가들이 다루고 있는 것이 현실이다. 나는 한글의 전산화에서, 한글의 기계화와 같이 입력도 출력도 모두 세벌식으로 추진해야만 경제적이고, 고성능 기계로 우리나라가 높은 수준의 문명국가로 발전할 수 있다는 확신을 가지고 있기 때문에, 나는 죽어도 유언으로 입력도 출력도 세벌식으로 하고자 동포에게 부탁하고 싶다.
>
> 그러나 그 위대한 한글을 아직도 천대하고 있는 우리 동포가 나의 새로운 과학의 진리를 쉽게 받아들일 것이라고는 기대하지 않는다.[73]

공병우 박사의 우려가 현실이 되어가고 있음이 안타까울 뿐이다. 타자기와 컴퓨터의 표준 자판 통일의 문제는 공병우 박사가 살아 있는 동안 내내 투쟁해야 했던 풀기 어려운 문제였다. 이제 공병우식 세벌식 자판을 사용하는 사람은 거의 찾아보기 힘들게 되어버렸다. 그나마 세벌식 자판의 과학성과 기능성을 이해한 전산 전문가들의 배려로 어떤 컴퓨터에서나 세벌식 자판을 아직 이용할 수 있는 것을 그나마 다행으로 생각할 정도가 되었다. 조합형과 완성형의 문제도 마이크로소프트사의 승리로 완성형이 자리를 잡아

---

73) 공병우(1989), 앞 책, 271쪽.

가고 있다.

한글의 원리를 살려 그 속에 담긴 과학성을 활용하는 것이 중요함을 끝까지 보여주었던 공병우 박사의 가르침이 한글의 원리를 제대로 이해하지 못한 한국인들의 무지와 국제적인 대기업에 밀려 힘을 잃어가는 것이 안타깝다.

V

문자의 힘,
한글의 힘

1_
유대 인을 묶어준 히브리 문자,
조선인을 묶어준 한글

공통의 문자는 민족의 통일과 단결을 유지하는 강력한 수단이다. 문자와 민족은 기본적으로는 무관하다. 영국과 프랑스와 독일은 각각 다른 민족이고 말도 다르지만, 똑같은 알파벳 문자를 사용한다. 중국과 한국과 일본도 각각 다른 민족이지만 모두 한자를 사용했다. 그러나 세계 문화사에서 언어와 함께 문자가 민족을 묶어주는 강력한 매개체 역할을 한 경우가 많다. 가장 대표적인 예는 유대 인의 히브리 문자이다. 유대 인들이 세계 각지로 흩어져 있었던 수천 년 동안 유대 인의 일체성을 유지시켜 준 정신적 지주는 히브리 문자로 기록된 율법이었다. 율법은 유대 인 사회를 통치하는 중심점이었다. 그리고 그 율법을 지켜준 것은 히브리 문자였다. 이와 비슷하게 민족 소멸의 위기에 처했던 일제 강점기에 한국인을 지켜준 것은 한국어와 한글이었다.

존 맨 박사는 히브리 문자에 대해 다음과 같이 말했다.

> 율법은 문자로 기록되었기 때문에 확고해졌다. 그리고 법이 기록될 수 있었던 것은 사막의 민족이었던 히브리 인들이 자체의 단순한 문자, 즉 알파벳을 가지고 있었기 때문에 가능했다. …… 문자화된 율법은 지도자의 권력과 공동체의 생존을 가능하게 했다. 돌에 새기든, 파피루스에 긁든, 도기 조각에 잉크로 쓰든 상관없이 보통 사람들도 신이 내리는 명령을 자기 눈으로 똑똑히 볼 수 있었으며, 그 기록은 세대에서 세대로 전승되었다. 시간과 공간을 넘나들며 단결을 도모하는 데 그것처럼 강력한 도구는 일찍이 없었다.[74]

이스라엘 인의 기원에 관해서는 논란이 분분하다. 성서에 나오는 이야기를 세대의 수를 이용하여 추정하면, 아브라함은 기원전 2100년에 태어났고, 그의 손자인 야곱은 기원전 1926년에 이집트로 갔고, 모세의 출애굽은 기원전 1496년에 시작되었으며, 솔로몬은 기원전 1016년에 첫 신전을 봉헌했다고 한다.

그러나 솔로몬까지 이어지는 기원전 1000년경까지의 유대 인에 대한 고고학적 증거는 없다. 다만 기원전 9세기 중반에 만들어진 것으로 판명된 모압의 왕 메사가 만든 석주에 그의 아버지가 이스라엘 북왕국의 왕 오므리에게 패배했다는 기록이 나타나 있으며, 이것이 성서의 인물이 나오는 최초의 증거라고 한다.[75]

우리가 여기서 유대 인 조상의 계보를 다시 되뇔 필요는 없다. 그러나 단

---

74) 존 맨(2003), 『세상을 바꾼 문자, 알파벳』, 예지, 205~206쪽.
75) 존 맨(2003), 위 책, 188~192쪽.

군이 아사달에 도읍을 정한 것이 기원전 2333년이었다는 우리 조상의 계보와 비교해볼 필요는 있다. 단군이 아브라함보다 200년 정도 더 빠르지만, 단군신화는 말 그대로 인간의 이야기가 아니라 천제의 아들과 곰으로부터 변환된 인간 사이에서 태어난 반신반인을 묘사한 신화이다. 또한 이것이 문자 기록으로 처음 쓰인 것은 『삼국유사』〈기이 편〉이며, 1280년경으로 추정하고 있다. 단군신화는 정사인 『삼국사기』에는 기록되어 있지도 않다.

반면에 아브라함의 이야기는 단군과 비슷한 시기에 살았던 진짜 인간에 대한 이야기이다. 그로부터 4,000년 후 유대 인과는 아무런 상관이 없는 한국인까지 유대 인의 계보를 누구네 족보의 일부분을 보는 것처럼 볼 수 있으니, 기록으로 남아 전달되는 문자의 힘이 얼마나 강력한 것인지 알 수 있다.

히브리 문자

초기 유대 인들이 수백 년에 걸쳐 민족이동을 하는 동안 유대 인들에게 히브리 문자는 유대 인의 동질성의 상징이었다. 그리고 바빌론 감금 후 유대 인들이 분산된 2,000년 동안 히브리 문자는 널리 흩어진 유대 인들이 타향에서, 그리고 대부분의 경우 그들에게 적대적이었던 환경 속에서 유대 인들의 전통과 정당성을 확인해주는 역할을 했다. 유대 인들은 자신들이 정착한 이국의 나라에서 사용되는 언어를 히브리 문자로 표기했다. 예를 들어 스페인의 방언인 라디노(Ladino) 어나 독일어의 방언인 이디시(Yiddish) 어는 둘 다 히브리 문자로 씌어졌다. 또한 아랍이 스페인을 지배하던 시기에 스페인에 살던 유대 인들은 아랍 어로 말을 하면서 이것을 히브리 문자로 썼다.[76] 유대 인들은 히브리 문자를 통해 자신들의 민족성을 확인하고 유지했다.

유대 인들이 히브리 문자로 자신들의 일체성을 유지할 수 있었던 이유는 세 가지이다. 첫째는 유대 인들이 이미 기원전 5세기경부터 비교적 누구나 쉽게 배울 수 있는 히브리 문자를 가지고 있었다는 것이다.[77] 이는 한글보다 2,000년이나 앞선 것이었다. 둘째는 유대 인들이 히브리 문자를 실질적으로 그리고 적극적으로 활용했다는 것이다. 앞서 말했던 것처럼 유대 인들은 히브리 어를 표기하기 위해서 히브리 문자를 사용했을 뿐만 아니라, 자신들이 생활어로 쓰는 다른 언어를 표기하는 데에도 히브리 문자를 사용했다. 그리고 무엇보다 중요한 이유이자 세 번째 이유는 유대 인들이 히브리 문자를

---

76) 앨버틴 가우어(1995), 『문자의 역사』, 도서출판 새날, 57쪽.

77) 고대 유대 인들은 북셈 문자의 한 갈래인 원시 히브리(Paleo-Hebrew) 문자 또는 구 가나안(Old Canaanite) 문자로 불리던 문자를 사용했다. 이 문자는 유대 인에게 한정되어 사용된 민족 글자였다. 이 문자는 기원전 5~4세기에 아람 문자의 한 갈래인 히브리 각형문자로 대체되었다. 기독교나 유대교에서 전해오는 이야기에 의하면 기원전 5세기에 유대교 개혁자 에스라(Ezra)가 성서 표기용으로 이 문자를 채택했다고 전해진다. 히브리 각형문자는 히브리 문자가 되었으며, 기원전 2세기 이후에는 유대 인 사회에서 가장 많이 사용되는 문자가 되었다. 히브리 문자는 오늘날까지 모든 유대 인의 종교적 또는 세속적인 문헌의 전달 수단이며, 이스라엘 국가의 창설과 함께 새로운 지위를 획득했다. 히브리 문자는 자음만을 표기하는 자음문자이다.

보존하려고 끝까지 노력했다는 것이다.

민족의 단결이 어느 때보다 필요했던 시기에 유대 인들이 히브리 문자를 중심으로 자신들의 민족성을 유지했듯이, 한국인들은 일제 강점기에 한국어와 한글을 중심으로 조선인으로서의 정체성을 찾았다. 일제의 민족말살 정책이 극에 달했던 1930년대 후반에 일본은 한국어와 한글의 사용을 금지시켰다. 이는 그 당시 한반도에서 조선인을 단결시키고, 한민족의 정체성을 유지시켜주는 가장 중요한 구심점이 바로 한국어와 한글이었음을 증명하는 사건이다.

당시 조선인들은 한민족을 하나로 묶어주는 통일된 종교를 가지고 있지 않았다. 그렇다고 한민족 전체를 하나로 움직이게 할 만한 강력한 지도자가 있는 것도 아니었다. 한국어와 한글은 민족의 몰락 위기에 우리 민족의 정체성을 유지하고, 민족의 단결을 도모하는 중심이었다. 그리고 광복 후에 새로운 한국을 재건하는 과정에서 한글은 우리가 한국인으로서의 정체성을 구축하는 데 큰 역할을 했다.

그리고 그 어느 때보다 남북통일을 기대하는 오늘날 한글은 갈라진 남한과 북한을 묶어주는 강력한 끈이 되고 있다. 같은 민족이며 같은 언어를 사용하고 있더라도 우리가 각각 다른 문자를 사용했다면, 문자 자체가 남한과 북한을 단절시키는 커다란 걸림돌이 되었을 것이다. 실제로 소련의 강력한 독재하에 소련의 키릴 문자를 채택했던 여러 민족들은 오늘 현재 문자로 인한 단절을 경험하고 있다.

2_
공산체제를 통제한 키릴 문자,
사멸되는 몽골 문자,
살아남은 한글

문자는 통일의 수단이자 강력한 통제의 수단이기도 하다. 공산주의
가 위력을 떨치던 20세기에 키릴 문자가 중앙아시아의 이슬람 사회와
동북아시아의 몽골에까지 그 영향을 미쳤지만, 그 아래 한반도는 정복
하지 못했다는 사실에 주목할 필요가 있다. 북한은 소련의 공산주의를
가장 강력하게 실천한 나라이며, 소련이 붕괴된 이후 아직까지도 공산
주의를 유지하는 유일한 나라이다. 그러나 북한이 다른 어떤 공산주의
국가와도 달랐던 점은 북한이 공산주의를 가장 적극적으로 받아들였음
에도 불구하고 키릴 문자를 채택하지 않았다는 점이다.

북한이 소련의 영향을 받아 키릴 문자를 채택하지 않았다는 점은 두 가지 측면에서 우리에게 매우 다행한 일이다. 첫째는 북한의 한글정책은 한글의 실용성을 그대로 증명하는 증거가 되었다는 점이다. 북한은 정부를 수립하던 단계에서부터 그 이후 소련이 붕괴되기까지 그 어느 나라보다도 소련과 밀접한 관계를 유지하고 있었다. 그러면서도 키릴 문자를 받아들이지 않고 한글을 사용했던 이유는 김일성의 주체사상 이전에 한글이 세상의 어떤 문자보다도 우리말을 표현하기에 가장 쉽고 편리한 문자였기 때문이다. 만약 키릴 문자로 우리말을 표기하는 것이 한글과 비슷한 정도로 쉬운 일이었다면 북한에서도 키릴 문자를 사용했을지 모른다. 몽골에서 키릴 문자가 계속 사용되는 이유 중의 하나는 키릴 문자가 몽골 문자보다 몽골 어를 표기하기에 더 편리하기 때문이다. 그러나 북한에서는 이런 일이 일어날 수 없었다. 한글의 실용성은 소련의 어떤 강제성이나 또는 소련에 대한 어떤 충성심으로도 대체할 수 없을 만큼 큰 것이었다. 북한과 남한에서의 한글정책은 한글의 실용성을 가장 명확하게 증명해주는 증거이다. 소련 공산주의의 독재력을 너끈히 극복해낸 한글의 힘에 대해 우리는 충분히 자부심을 느껴도 좋다.

앨버틴 가우어 박사는 문자의 통제력에 대하여 다음과 같이 말했다.

신자나 정치적 지지자가 아닌 자에게 개종주의적, 예언주의적 종교와 정치적 이데올로기는 거의 차이가 없다. 양자 모두 통제를 위하여 통일을 목표로 삼으며, 천국, 저승, 혹은 신왕국으로 표현되는 확인할 수 없는 장래에 실현될 약속에 대한 대가로 희생을 요구한다. 양자 모두 새로운 개종자를 통한 자신들의 지위상승을 위하여, 또한 동시에 이단이나 정적을 배제하기 위하여 선전, 즉 효과적인 정보 저장과 정보 유포에 전적으로 의존한다. 이러한 모든 것에 대해 문자는 가장 이상적인 수단이다. 씌어진 정보는 쉽게 통제되고 쉽게 확인할 수 있다. 만일 이단적인 경향이 발견되면 그것은 재빠르게 제거된다. 구전은 문서만큼 용이하게 통제되지 않는다. 한편 문자는 그 이상의 이점을 가지고 있다. 문자는 정보를 증폭시키고, 그 결과보다 많은 청중이 정보를 용이하게 입수할 수 있도록 한다. 인쇄는 보다 효과적이어서 자신이 진리라고 생각하는 것을 널리 알리고자 하는 사람들에게 열심히 이용되어왔다. …… 천 년 이상에 걸쳐 이슬람교와 아라비아 문자는 때로는 스페인에서 동남아시아에 이르기까지 광대한 영향권을 가지고 있었다. 그보다 훨씬 장기간에 걸쳐 기독교와 로마 알파벳은 처음에는 유럽을, 다음으로는 아메리카, 아프리카, 아시아, 태평양을 그 지배하에 두었다. 소련에서는 공산주의와 키릴 알파벳이 결합되어, 지난 60년 동안 다른 문자 형태의 태반을 능숙하게 배제시켰다.[78]

    그리스 알파벳에서 파생된 유럽의 여러 문자 중에서 가장 널리 확산된 문자는 로마 알파벳이다.[79] 1974년 유네스코 통계자료에 의하면, 전 세계 도서 생산량 중에서 로마 알파벳 출판물이 전체의 70%를 넘었다고 한다.

    그리고 세상에서 로마 알파벳 다음으로 널리 사용되고 있는 문자가 키릴

---

78) 앨버틴 가우어(1995), 『문자의 역사』, 도서출판 새날, 284~285쪽.

79) 유럽의 여러 나라에서 사용되는 문자는 대부분 그리스 알파벳에서 파생된 문자들이다. 그중에서 현재 가장 많이 사용되고 있는 문자는 로마 알파벳과 키릴 문자이다. 로마 알파벳은 기원전 8세기경에 그리스 이민자들이 이탈리아로 가져온 것으로 알려져 있다. 처음에는 기독교와 함께 서유럽으로 퍼졌으며, 중세와 산업혁명을 거치면서 아메리카, 아프리카, 아시아로 그 범위를 확장시켜왔다. 아메리카 대륙과 호주에서뿐만 아니라, 아프리카 대륙에서도 주로 선교 활동의 성과로 인해 500여 가지에 달하는 아프리카 언어가 로마 알파벳으로 표기되고 있다. 또한 아시아에서도 중국에서 병음표기를 위하여 로마 알파벳을 이용하고 있다.

문자이다. 키릴 문자는 슬라브계 문자로 9세기경에 그리스 수도사 키릴로스가 고안하여 만든 후 동유럽으로 확산되었다.[80] 특히 20세기에 공산주의와 함께 소련의 세력이 급속도로 팽창하면서, 소련의 통치하에 들어간 중앙아시아와 시베리아를 넘어 몽골에까지 무서운 속도로 확산되었다. 키릴 문자는 현재 50여 가지의 언어를 표기하는 데 사용되고 있으며, 1974년 로마 알파벳 다음으로 많은 책을 인쇄하는 제2의 문자였다.[81]

공산주의의 확산과 함께 키릴 문자는 이슬람교도들이 살고 있던 중앙아시아로도 급속히 퍼져나갔다. 1930년대에 스탈린 체제의 통제력이 절정에 달했을 때, 키릴 문자의 공세 또한 절정에 달했다. 마침내 1939년에는 중앙아시아의 모든 지역에서 키릴 문자가 강요되었다. 중앙아시아의 이슬람교도들은 조상들이 사용해오던 아랍 문자를 사용하지 못하도록 금지당했으며, 아랍 문자와 전혀 다른 키릴 문자를 사용해야 했다. 키릴 문자만 사용하도록 강요되었던 중앙아시아의 이슬람교도들은 시간이 지남에 따라 키릴 문자만 읽을 수 있었으며, 자신들의 아랍 문자는 읽을 수 없게 되었다. 아랍 문자를 잃게 된 중앙아시아의 이슬람교도들은 아랍 문자로 씌어 있는 조상의 기록들을 읽을 수 없게 되었으며, 자신들의 과거 역사와 문화로부터 단절되었다. 그뿐만 아니라 이들은 현존하는 중동의 다른 이슬람 세계들과도 차단되었다. 현재 아랍 문자를 사용하는 다른 이슬람 국가들과 정보를 교환

---

80) 유경숙(1999), 『언어, 문자와 정보업무』, 경성대학교 출판부, 74~75쪽.
   키릴 문자는 슬라브 족 언어의 발음을 표기하기 위하여 그리스 알파벳을 기본으로, 몇 개의 히브리 문자 기호와 새로운 문자 기호를 더하여 만든 문자이다. 키릴 문자는 그리스 정교를 신봉하는 슬라브 족 사이에서 사용되었으며, 현재는 슬라브 족의 민족문자로 사용되고 있다. 차용된 언어에 따라 키릴 문자의 구성이 조금씩 다르며, 언어에 따라 29~33개의 자모가 사용된다. 러시아 어 표기에 사용하는 키릴 문자는 표트르 대제(1672~1725) 때 근대화되었고, 다시 1918년에 더 간소화되어 현재는 33개의 자모로 구성된 러시아 어 알파벳이 사용된다.

81) 유경숙(1999), 위 책, 45~46쪽.

할 수 없게 되었기 때문이다. 중앙아시아의 이슬람교도들은 키릴 문자를 사용하게 된 후 이슬람 사회에서 문맹이 되었으며, 정치적으로 무능력해졌다. 스탈린의 몰락 이후 키릴 문자의 강요는 완화되었으나, 중앙아시아 전역에서는 여전히 키릴 문자가 사용되고 있다.

공산주의와 키릴 문자는 중앙아시아의 이슬람 사회뿐만 아니라 동북아시아의 몽골에까지도 그 힘을 뻗쳤다. 몽골은 소련의 지원으로 1924년에 중국으로부터 독립한 후 공산주의 국가가 되었다. 몽골의 공산주의자들은 기존의 전통과 권력구조를 해체하는 과정에서 타파해야 할 봉건적 시대의 상징으로 몽골의 사찰과 몽골 문자를 지적했다. 몽골 문자는 세계를 제패했던 칭기즈 칸이 만든 문자였으며, 600년 동안 몽골에서 사용되었다. 1940년에 초이발산은 1,000여 개의 사찰을 파괴했다. 그리고 1941년 공산당은 몽골 문자를 버리고 키릴 문자를 공식문자로 채택했다. 공산당은 키릴 문자를 채택함으로써 몽골이 중국과 일본의 지배로부터 벗어났으며, 소련이 새로운 동맹국이 되었음을 보여주고자 했다.

1989~1992년에 공산주의가 붕괴한 이후 몽골에서 몇몇 민족주의자들을 중심으로 몽골 문자를 되살리기 위한 움직임이 지속되고 있다. 그러나 그들의 노력에도 불구하고 몽골 문자는 거의 소멸 상태에 있다. 공산주의라는 강력한 독재력으로 몽골 문자는 키릴 문자로 대체되었으며, 일단 사용되기 시작한 키릴 문자는 관성을 갖게 되었다. 문자의 관성적인 속성은 매우 강한 것이어서 오늘날 몽골 인들이 전반적으로 러시아에 대해서 매우 강한 거부감을 가지고 있지만, 다시 과거에 사용하던 몽골 문자로 돌아가는 것은 너무나 어려운 일이다. 중앙아시아에서와 마찬가지로 몽골에서는 지금도 여전히 키릴 문자가 사용되고 있다.

공산주의와 키릴 문자의 통제력을 돌아보며 다시 한 번 안도의 숨을 쉬게 되는 것은 남한과 북한이 모두 한글정책을 채택함으로써 한반도에서 기본적인 문자의 통일이 이루어졌다는 것이다. 2차 대전 이후 한반도에서의 분단은 우리 민족으로서는 가장 비극적인 사건이다. 그 당시 국토의 분단과 함께 한반도에서 문자의 분단이 일어났다면 어떻게 되었을까?

키릴 문자의 채택으로 자신들의 역사와 문화로부터의 단절에서 회복하지 못하고 있는 중동의 이슬람교도들이나 몽골 인들의 예를 볼 때, 만약 북한이 키릴 문자 정책을 수용했다면 한반도의 통일은 우리가 상상하는 것보다 훨씬 더 어려운 일이 되었을 것이다. 지금도 우리가 매우 효율적으로 북한과 여러 가지 경제협력과 문화교류를 할 수 있는 이유는 남북한이 같은 언어와 함께 같은 문자를 사용하고 있기 때문이다.

한반도에서 본격적인 통일작업이 이루어질 경우 같은 문자를 사용하고 있다는 것은 다른 것으로도 보상할 수 없을 만큼 커다란 도움이 될 것이다. 60년 동안 철저한 분단 상태이지만 앞으로 통일의 시대가 왔을 때, 지독한 분단의 상처를 치료하는 데 가장 먼저 그리고 가장 강력한 힘을 발휘하게 될 한글의 힘에 대해 우리는 충분히 믿어도 좋다.

통일이 되는 그날 우리는 다시 한 번 우리말을 표현하기에 너무나도 적합하고, 누구라도 쉽게 배워 활용할 수 있는 실용적이고 과학적인 문자를 발명해서 후손에게 남기신 세종대왕에게 깊이 감사드리게 될 것이다.

3_
파라오의 경제를 지탱한 이집트 문자, 한국의 경제부흥을 이끈 한글

　유럽의 번영 뒤에 알파벳이 있었던 것처럼, 오늘날 한국이 이룬 번영 뒤에는 한글이 있었다. 중국의 변방국이었던 조선 시대와 일제 강점기, 그리고 6·25전쟁이 끝난 지 60년 만에 이룬 오늘의 한국은 말 그대로 기적이었다. 한국이 이렇게 짧은 시간 내에 한강의 기적을 이룰 수 있었던 것은 한자에서 벗어나 한글로 대중교육이 가능했고, 지식과 정보의 공유가 가능했기 때문이다. 물론 같은 한글을 쓰는 북한이 세계에서 최빈국의 대열에 끼게 될 만큼 열악한 상황에 있다는 것도 알고 있다. 이는 문자는 언제나 수단일 뿐이라는 사실을 보여주는 것 외에 아무것도 아니다. 문자는 끝까지 수단일 뿐이다. 모든 도구는 좋은 쪽으로도 나쁜 쪽으로도 활용될 수 있다. 우리가 기억해야 하는 것은 좋은 목적을 위하여 일하고자 하여도 적절한 도구가 없으면, 충분한 결과를 낼 수 없다는 것이다.

　우리가 한글에 감사하는 이유는 한글이 숭배해야 하는 목적이거나, 한글 자체가 스스로 우리를 올바른 방향으로 이끌어준 주체이기 때문이 아니다. 우리가 한글이 있었음에 안도하는 것은 우리의 목표를 향해 민주적인 문자가 필요했던 시기에 세상의 어떤 문자보다 훌륭한 한글이 있었고, 우리가 한글을 채택하여 사용할 수 있을 만큼 한국 사회가 변화되어 있었다는 점이다. 그리고 더욱 다행한 일은 예측할 수 없을 정도로 빨리 진행되고 있는 전자정보 사회에서 한글이 정보화에 가장 적절한 문자라는 점이다.

인류가 채집 단계 이상의 경제활동을 하기 시작한 이래 경제활동을 위해 가장 필요한 것 중의 하나가 문자였다. 문자는 무엇보다 경제를 위해 필수 불가결한 도구였다. 심지어 문자가 발명되기 이전의 원시시대에도 인간이 기록으로 남겨야 한다고 생각한 것은 숫자와 관련된 정보였다. 문자가 없었을 때에는 부절이나 매듭을 활용하여 재산과 관련된 데이터들을 저장했다.

부절은 보통 막대기에 홈을 파서 특정한 물건이나 수와 관련된 사실을 표시했다. 물론 부절을 사용하는 가장 주요한 목적 중의 하나는 부채를 기록하는 것이었다. 일단 막대기에 빌려준 물건의 내용을 눈금으로 표시한 후 세로 방향으로 두 조각을 내면, 빌려준 사람과 빌린 사람 양쪽 모두에게 총액이 똑같은 정확한 계산서가 된다.

대부분의 고대 사회에서 부절이나 부절과 비슷한 역할을 한 유물들이 발견된다. 인류에게 부절 이상의 문자가 필요했던 가장 기본적인 이유는 점점 확대되는 자신의 재산을 효율적으로 관리하기 위해서였으며, 지금도 문자는 경제와 뗄 수 없는 밀접한 관계를 가지고 있다. 인류에게 문자가 왜 필요했을까에 대하여 앨버틴 가우어 박사는 다음과 같이 말했다.

수렵인들, 원시의 목동들, 혹은 단순 농경인들은 그림문자와 구두전달 등에 의한 의사소통이 가능했다. 그러나 관개사업을 위한 협동작업에 의존하는 사회는 잉여 농작물을 생산하게 되고, 인구가 불어나고, 인구가 밀집한 도시가 생기며, 잉여생산물의 축적으로 재산의 개념이 나타나게 된다. 관개사업을 시작한 새로운 시대의 사람들은 증가하는 인구와 협동작업, 그리고 잉여 재산의 관리를 위해서 중앙집권적으로 조직된 행정이 필요하게 되며, 합법적인 재산의 이동, 즉 유통매매(상거래)도 일종의 보호를 필요로 하게 된다. 상업과 행정이 명확성을 가지고 수행되어야하며, 이를 위해서는 빨리 쓰고 쉽게 읽을 수 있는 기호인 문자가 필요하게 된다. 문자는 이집트 지역에서는 기원전 4000~3000년, 극동에서는 기원전 2000년경, 그리고 중앙아메리카에서는 기원전 1000년경에 나타난다. 실제로 이들 문자로 씌어진 대부분의 초기 문헌은 재산과 관련되어 있다.[82]

4대 문명의 발생지에서 문자가 필요했던 이유는 늘어나는 부와 확대되는 부족사회를 통제하고 관리하기 위해서였다. 늘어나는 잉여생산물과 증가하는 인구를 효율적으로 관리하기 위해서는 중앙집권적으로 조직된 행정이 필요했다. 계약이나 법률을 명시하고, 법을 실행하고, 합법적인 재산의 유통을 관리할 수 있는 수단이 필요했으며, 이것을 위해 가장 필요한 것이 문자였다. 새로운 문자는 복잡한 관념도 표시할 수 있으면서도 그림문자보다는 빨리 쓰고 쉽게 읽을 수 있는 것이어야 했다. 문자는 경제 관리와 통치를 위한 최고의 필수품이었다.

이집트 시대에 경제적인 동기로 문자가 발명되었던 것과 마찬가지로 근대 유럽에서는 또 한 번 경제적 동기가 문자의 확산을 도왔다. 그것은 18세기 유럽에서 일어난 산업혁명이었다.

산업혁명이 읽고 쓰는 능력의 보급을 촉진시킨 것은 의심할 여지가 없다. 산업혁명으로 인한 해외로의 팽창, 개선된 의사소통수단과 은행업, 대규모 교역의 성장 등, 이것들 모두가 종이와 펜과 근면한 서기집단에 전적으로 의존하였다. 19세기 말에는 전기와 같은 과학적 발견의 실용화에 의해 새로운 산업기술이 가능하게 되었으며, 그리하여 대규모 기업

---

82) 앨버틴 가우어(1995), 『문자의 역사』, 도서출판 새날, 33쪽.

의 탄생은 필연적인 것이었다. 예를 들어 독일의 크루프(Krupp) 회사는 1848년에 122명, 1873년에 16,000명, 1913년에 70,000명 정도를 고용했다. 이러한 기업은 통제기구에 전적으로 의존하였으며, 통제기구는 읽고 쓰는 능력을 가진 조정관과 기록원(서기, 사무직원)에게 의존하였다.[83]

산업혁명으로 인하여 대규모의 무역이 발달하고, 상업적인 거래가 해외로까지 급격히 팽창했으며, 이와 함께 은행업이 더욱 발달하게 되었다. 유럽의 국가들은 좀 더 강력하고 통합적인 통제기구를 필요로 하게 되었으며, 이 통제기구의 운영을 위해 많은 양의 문서에 의존하게 되었다. 팽창하는 무역을 관리하기 위해서는 훨씬 더 많은 사람들이 읽고 쓰는 능력을 기르는 것이 어느 때보다 중요하게 되었다. 산업혁명은 읽고 쓰는 능력을 가진 인력을 과거보다 훨씬 더 많이 필요하게 만들었다.

그리고 서양에서 대부분의 사람들이 문자를 사용하게 되었을 때, 귀족주의적 민주주의는 대중 민주주의로 바뀌게 되었다. 물론 문자 교육이 대규모로 이루어진 기본적인 동기는 문자 교육을 통해 민중 교육을 하겠다든가, 대중 민주주의를 실현하겠다는 것은 아니었다. 그러나 중요한 것은 그 동기가 어떻든 간에 상관없이 산업혁명으로 인해 알파벳의 보급이 더욱 가속화되자, 많은 사람들이 문자를 통한 정보의 공유가 가능해졌으며, 오늘날의 민주화가 가능하게 되었다는 점이다.

18세기 일요학교나 자선학교는 계층의 상향이동을 바라지 않았으며, 가난한 집안의 아이들을 세세하게 단계를 이루고 있는 계급사회에서 근

---

83) 앨버틴 가우어(1995), 앞 책, 320~321쪽.

면하고 특히 순종적인 시민이 되도록 가르치려 했다. 그러다 19세기 말에는 일종의 순수한 열기에 젖어들기 시작했다. 교육자나 선교사들은 읽고 쓰는 능력을 보다 좋은 건강, 보다 좋은 인격, 보다 높은 감수성, 그리고 식민지에 관해서 말한다면, 정치적 자유로 가는 출발점으로 보기 시작했다. 20세기 전반에 읽고 쓰는 능력은 서방의 거의 모든 나라에서 하나의 규범이 되었다. 읽고 쓰기를 못하는 어린이는 어떤 조치를 취하지 않으면 안 되는 정신적 지진아로 여겨졌으며, 모든 노력에도 불구하고 효과가 없을 때에는 경멸의 대상이 되었다.[84]

유럽은 중세 이후 500년 동안 로마 알파벳과 구텐베르크 인쇄술을 바탕으로 오늘의 경제적인 발전과 정치적인 발전을 이루어왔다. 한국은 6 · 25전쟁 이후 한글을 바탕으로 단 60년 만에 유럽이 500년에 걸쳐 이룬 경제적 성공을 실현시켜왔다. 오늘의 유럽 경제 뒤에 알파벳이 있었다면, 오늘의 한국 경제 뒤에는 한글이 있었다.

---

84) 엘버틴 가우어(1995), 앞 책, 322~323쪽.

4_
한국의 민주화를 비약적으로 발전시킨
신문의 한글전용

가로쓰기와 한글전용을 가장 환영한 사람들은 젊은이들이었다. 한글전용은 누구보다 먼저 젊은이들로부터 가장 큰 호응을 받았으며, 세상이 한글만으로도 충분히 돌아가게 되자 한국이 젊어졌다.

한국은 현재 인터넷과 엄지문화로 민주화를 실현시켜가는 데에 세계에서 선두 대열에 있다. 2002년은 인터넷의 힘이 얼마나 강력할 수 있는지를 전 세계에 확실히 보여준 기록적인 해였다.

2002 월드컵에서 보여준 한국인의 집단적인 결속력은 전 세계인을 놀라움으로 가득 차게 했을 뿐만 아니라 우리 스스로를 놀라게 했다. 인터넷을 활용한 16대 대통령 선거운동의 성공, 인터넷 신문 〈오마이뉴스〉의 한 시민 기자의 제안으로 시작된 촛불시위의 확산, 노무현 대통령의 탄핵 반대 시위를 거쳐 황우석 쇼크에 이르기까지 모든 큰 사건들 뒤에는 인터넷과 휴대전화를 이용한 정보의 교환이 있었으며, 그 속도와 영향력은 10여 년 전에는 아무도 상상하지 못했던 막강한 것이었다.

이 모든 것의 주동자인 오늘의 젊은이들은 스스로 자신들의 정보공유 능력에 감탄한다. 그러나 현재 한국인들이 누리고 있는 세계 최고의 정보교환 능력의 배후에는 무엇보다도 한글전용과 가로쓰기가 있다는 것을 느끼는 젊은이는 많지 않다.

지금은 한글의 가로쓰기와 한글전용이 너무나 자연스럽고 당연한 것이라고 생각하지만, 실제로 모든 분야에서 가로쓰기와 한글전용이 본격적으로 실행된 것은 14년 정도밖에 되지 않는다. 1948년에 공포된 '한글전용에 관한 법률'은 모든 공문서를 한글로 그리고 가로쓰기로 하도록 규정하고 있다. 그러나 이 규정은 제대로 이행되지 않았다. 한글전용이냐 국한문혼용이냐의 문제와 가로쓰기이냐 세로쓰기이냐의 문제는 그 후 40년 이상 끊임없는 논쟁거리였다.

광복 후 이은상 선생은 『호남신문』의 사장직에 있으면서 1947년 8월 15일 우리나라 신문 사상 최초로 가로쓰기 신문을 내놓은 적이 있다. 그 후 최현배 선생은 1958년 1월 대학 신문 『연세춘추』를 순 한글 전면 가로쓰기로 만들었다.

그러나 주요 일간지까지 가로쓰기와 한글전용이 확산되기까지는 그 후 30년을 더 기다려야 했다. 1970년대 후반부터 주요 일간지들이 부분적으로 가로쓰기를 시도했지만, 그것은 단지 실험적인 수준에 머무는 것이었다. 그때까지도 한자 세대들이 사회를 주도하던 시대였으며, 한국 사회는 국한문혼용과 세로쓰기에서 자유로울 수 없었다.

다른 출판계는 신문보다 빨랐다. 한창기 선생이 1976년 『뿌리 깊은 나무』를 창간하면서 한글전용과 가로쓰기를 도입하여 국내 잡지가 국한문혼용과 세로쓰기의 틀에서 벗어나는 데 앞장섰다. 1980년 신군부에 의해 『뿌리 깊은 나무』가 강제 폐간된 뒤에는 『샘이 깊은 물』을 창간해 한글전용의 문화를 확산시키는 데 기여했다. 그러나 신문은 일반 서적에 비해 훨씬 늦게까지 세로쓰기와 국한문혼용을 유지했다.

주요 일간지 중에서 최초로 전면을 한글전용과 가로쓰기 형식으로 통일하여 발행한 신문은 1988년 창간된 『한겨레신문』이었다. 『한겨레신문』은 한글만으로도 우리가 한국과 세계의 소식을 부족함 없이 전달받을 수 있을 뿐만 아니라, 훨씬 더 쉽게 그리고 빠르게 그 정보를 받아들일 수 있다는 것을 보여주었다. 『한겨레신문』의 성공은 좋은 선례가 되었다. 『중앙일보』가 1994년 9월 1일 자부터 신문 전면을 가로쓰기 체제로 바꾸었다. 『동아일보』는 1998년 1월 2일 자부터 전면 가로짜기로 편집체제를 바꾸면서 제호와 일부 제목을 제외한 본문을 모두 한글로만 표기했다.

주요 일간지들이 한글전용과 가로쓰기 체제로 전환한 것이 14년 정도밖에 안 된 일이라는 것이 놀랍지 않은가? 이는 지금은 너무나 자연스럽고 당연하게 느껴지는 이 체제로 오기까지 얼마나 어렵고도 긴 시간이 필요했는가를 상징적으로 보여준다. 그러나 마지막까지 과거의 습관을 버리지 못했

『한겨레신문』 창간호(1988)

던 신문이 가로쓰기와 한글전용을 채택하게 되자마자 가로쓰기와 한글전용
이 한국 사회 전체에서 확고한 자리매김을 했다.

가로쓰기와 한글전용을 가장 환영한 사람들은 젊은이들이었다. 한글전용
은 누구보다 먼저 젊은이들로부터 가장 큰 호응을 받았으며, 세상이 한글만
으로도 충분히 돌아가게 되자 한국이 젊어졌다.

오늘날 한국 사회의 민주화와 정보화를 이끄는 주역은 의심할 바 없이 젊
은 신세대이며, 전 세계에서도 현재 우리나라만큼 젊은 세대가 사회의 흐름
을 주도하는 나라는 많지 않다. 한글전용은 무엇보다 우리 사회에서 나이
차이에 의한 계급의 구분을 약화시켰다. 한자가 힘을 발휘하던 시대에는 젊
은이가 어른을 능가하기가 어려웠다. 한자의 수준에 따라 글의 권위가 좌우
되었으며, 명확한 논리와 창의적인 사고보다 어려운 한자 표현이 글의 수준
을 결정했다.

「동아일보」(1988)

　그러나 한글만으로 글을 쓰는 요즘 인터넷에 올라오는 글들은 다르다. 어투나 어려운 한자 어휘에 의해 글의 권위를 인정받는 시대는 끝났다. 한글전용과 인터넷의 확산은 상상할 수 없을 만큼 빠른 속도로 많은 양의 정보를 교환하게 만들었으며, 기성세대는 신세대의 놀라운 속도와 양을 따라갈 수 없었다. 기성세대는 더 이상 나이로 또는 한자 실력으로 신세대를 제압하지 못하게 되었다. 만약 아직까지도 국한문이 혼용되는 체제를 유지하고 있었다면 오늘의 젊은 한국은 기대하기 힘들었을 것이다.

　지금은 세계 어느 곳에서나 인터넷과 휴대전화가 활발하게 사용되고 있다. 그러나 한국이 인터넷을 활용한 정보 대중화의 선두에 설 수 있었던 이유는 정보화에 적합한 한글이 있었기 때문이다. 그리고 한글전용화가 이루어졌기 때문이다. 이웃의 중국이나 일본도 인터넷과 휴대전화를 사용하고 있다. 그러나 이 두 나라의 언어체계는 한자로부터 자유로울 수 없다는 결정적인 결함을 가지고 있다. 중국의 경우 로마 알파벳을 빌려서 그 발음을 표기하고 있다. 그러나 이것은 발음 표기를 로마자로 한다는 것뿐이며 한자로부터 자유롭다는 뜻은 아니다.

우리는 한글문서 작업을 할 때 한자를 사용하고 싶으면 한글로 발음을 친 후 한자 변환 버튼을 누르고, 컴퓨터가 그 발음에 맞는 한자들을 보여주면 그중에서 원하는 한자를 선택해야 한다. 중국어의 경우도 마찬가지여서, 중국어의 발음을 로마 알파벳으로 친 후에 그것을 한자로 변환하는 작업을 해야만 한다. 중국인들이 발음은 알파벳으로 표기할 수 있을지 모르지만, 문서작업을 하기 위해서는 여전히 한자를 알아야만 한다. 결국 한자를 모르면 문서를 읽을 수 없는 것은 예나 지금이나 마찬가지이다. 이는 일본어의 경우도 마찬가지이다. 중국과 일본은 한자를 간소화하여 문자의 부담을 줄이려는 노력을 수십 년째 하고 있지만, 아직도 이들은 한자의 근본적인 한계에서 벗어날 수 없다.

지난 60년 동안 한국은 두 가지 측면에서 전 세계를 놀라게 했다. 하나는 경제적인 성장이고, 다른 하나는 정치적인 발전이었다. 사람에 따라서는 한국의 경제 발전보다 민주화에 대해 더 깊은 감명을 받는다고 말한다. 특히 지난 20여 년간 한국이 보여준 민주화의 가속도와 질적인 측면에서의 발전은 말 그대로 비약이라고 할 수 있다.

한국의 민주화 뒤에는 전자산업의 발전과 함께 한글의 가로쓰기와 한글전용의 확산이 있었다. 만약 지금까지 국한문혼용이 실시되고 있다면 한국의 전자산업과 인터넷 문화가 지금처럼 세계 최상의 수준을 차지하지 못했을 것이다. 적절한 시기에 한글전용이 실시되지 않았다면, 문자체계 자체가 전자산업과 정보교환의 걸림돌이 되었을 것이다. 초를 다투는 현대의 속도전에서 한국이 전자문화를 선도하는 오늘의 위상을 차지하게 된 것은 적절한 시기에 한글전용이 확산되었기 때문이다. 세로쓰기와 국한문혼용에 종지부를 찍게 된 시점은 신문의 가로쓰기와 한글전용이 확산되면서부터였다. 신문의 가로쓰기와 한글전용은 한국의 경제적·정치적 발전에 가속도를 붙이는 밑거름이 되었다.

한글전용은 한자 지식과 나이로 계급을 구분하던 한국을 과거로 남기며, 모든 국민이 함께 정보를 공유하는 민주 한국으로, 그리고 젊은이들이 세상을 움직이는 젊은 한국으로 만드는 밑거름이 되었다.

한국에서 한글전용은 정보교환의 민주성과 효율성을 위하여 반드시 이루어져야 하는 필연적인 과정이었으며, 한글은 이제 한반도에서 되돌릴 수 없을 만큼 확고하게 자리를 잡았다. 이제 아무도 한국에서 한글을 멈출 수 없다. 속도가 붙은 한글은 한국을 기반으로 해서 아시아로, 세계로 뻗어나갈 것이다. 한국인들이 그럴 꿈만 가지고 있다면.

VI

한글전용을 넘어
한글의 세계화를 향하여

1_
과거와 미래를 이어줄
한글 프로젝트

문자가 없었던 농경시대에는 훌륭한 제자를 남기는 것이 가장 중요한 일이었으며, 인쇄술이 발명된 이후 근대 산업사회에서는 좋은 책을 남기는 것이 가장 중요한 일이었다. 이제 21세기 전자정보 사회에서는 훌륭한 전자 콘텐츠를 구축하고 남기는 것이 가장 중요한 일이 되었다. 그리고 이것이 바로 우리가 할 일이다. 현재까지는 인간 지식의 5%만 디지털화되어 있다고 한다. IBM에서는 인간이 가지고 있는 기존의 모든 지식을 디지털화하겠다는 목표로 작업 중이라고 한다.

서구의 선진국들은 문자의 힘과 지속성이 얼마나 거대한 것인지 알고 있다. 예일 대학교의 헤이블릭 교수는 그리스 알파벳의 출현은 불이나 바퀴의 발명처럼 서양의 삶을 송두리째 바꾼 위대한 도약이었다고 말했다.

그리스 문화는 유럽 문화의 뿌리이며, 현재 세계의 다른 문화에까지 영향을 미치고 있다. 그리스 어를 어원으로 하는 이름을 가진 학문 분야는 생물학(biology)에서부터 유전학(genetics), 인공두뇌학(cybernetics)에 이르기까지 매우 다양하다. 동전의 한 면에는 인물의 두상을, 다른 면에는 상징물을 각인하는 것도 그리스에서 유래한 관습이다. 이렇듯 그리스 문화가 전 세계로 현대까지 확산된 이유는 뭘까?

그리스 문화가 찬란했던 이집트 문화에 비하여 후대에 엄청난 영향을 미친 이유는 그리스 문화가 이집트 문화보다 더 뛰어났기 때문이 아니다. 다만 그리스 인들이 이집트 문자보다 훨씬 쉽게 배울 수 있는 알파벳 문자를 발명하고, 그들의 지식을 문자로 기록하여 다음 세대로 쉽게 전승할 수 있었기 때문이다. 그리고 그리스 알파벳이 과거에 또는 그리스에 국한되지 않고, 현재 전 세계에서 가장 널리 사용되는 문자로 남을 만큼 그 문자를 사용하는 인구의 수가 확대되어왔기 때문이다.

문자의 힘을 아는 서방의 선진국들은 현존하는 문자를 후대에 전하려고 다방면으로 노력하고 있다. 그중 대표적인 것이 미국 롱 나우 재단이 추진하고 있는 로제타 프로젝트이다. 로제타 프로젝트의 이름은 로제타석에서 유래되었다.[85]

---

85) 로제타석은 기원전 196년에 이집트의 파라오였던 프톨레마이오스 5세의 즉위를 축하하기 위해 멤피스에 모인 사제들이 세운 비석으로, 검은 현무암에 같은 내용이 세 가지 문자로 기록되어 있다. 첫째 단 14행은 이집트 상형문자로, 둘째 단 32행은 이집트 민용 문자로, 셋째 단 54행은 당시에 이집트 지배자들의 언어였던 그리스 어로 기록되었다. 로제타석의 이집트 문자가 해독되기 전까지는 이집트 유물에서 나오는 많은 기록들을 해독할 수 없었다. 로제타석은 프랑스

로제타 디스크

　로제타 프로젝트는 10일에 하나꼴로 사멸되는 현 지구상의 언어 6,000~7,000개 중 1,000여 개의 언어를 로제타 디스크에 새겨서 후손에게 물려주려는 것이다. 로제타 디스크에 1,000개의 언어로 번역한 같은 내용의 문장을 이미지로 담아 보관했다가 1,000년 뒤에 이 중 사라진 언어를 살아남은 언어와 비교해서 이해할 수 있게 하려는 것이 목표이다. 디스크에는 성서의 〈창세기〉 첫 3장과 세계인권선언문을 담았다. 물론 1,000개의 번역물 중에는 한글로 번역된 〈창세기〉와 인권선언도 포함되어 있다.[86]

의 학자였던 샹폴리옹(1790~1832)에 의해 1822년에 해독되었다. 로제타석이 발견된 지 23년 만의 일이었다. 로제타석으로 그때까지 풀지 못했던 이집트 문자를 해독할 수 있었던 이유는 로제타석에 이집트 문자와 그리스 문자가 동시에 기록되었고, 그리스 문자와의 비교를 통해 이집트 문자의 체계를 밝힐 수 있었기 때문이다. 로제타석은 이집트 문자를 해독하는 열쇠가 되었으며, 이집트 문자로 남겨진 많은 역사적 사실들을 현대인들에게 전달해주는 통로가 되었다.

86) 디스크는 2,000년간 원형을 유지할 수 있는 니켈 디스크에 초고성능 현미경으로 읽을 수 있도록 미세하게 새긴다. 컴퓨터 파일을 사용하지 않고 글자를 조각하는 것은 1,000년 후에 후손들이 파일의 종류에 상관없이 문자를 볼 수 있게 하기 위해서이다. 디스크는 모두 1,000개가 제작되어 각 나라의 해당 기관과 도서관, 박물관, 그리고 관심 있는 개인에게 배포될 계획이다.

자신들의 이야기를 후대에 영원히 남기고 싶어 하는 것이 인간의 본능일까? 2,000년 전에 이집트의 파라오들도 그러했지만, 1,000년 후를 내다보고 1,000개의 언어를 기록으로 보관하여 후손에게 전달하고자 하는 선진국의 미래를 향한 장기적인 안목 또한 그러하다.

선진국들의 이야기는 여기서 끝나지 않는다. 로제타 프로젝트 이외에도 우주에 존재할지 모르는 생명체에게 기록을 전달하려는 세이건의 명판도 있었다. 세이건의 명판은 1971년 후반에 나사(NASA)에서 파이어니어 10호 계획과 함께 시작되었다.

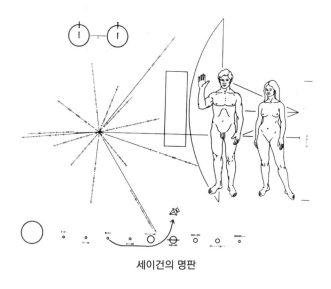

세이건의 명판

이 계획은 태양계 바깥의 탐사를 목적으로 한 것이다. 파이어니어 10호에 '인류가 우주를 향해 보내는 메시지'를 우주탐사선에 싣기로 하고, 천문학자인 칼 세이건에게 적절한 방식의 메시지를 고안해줄 것을 부탁했다. 세이건의 명판은 태양계 밖에 존재할지 모르는 외계인들에게 메시지를 전하기 위한 것이었다. 세이건은 탐사선의 출처가 지구라는 것을 표시하고자 했다.

명판의 한쪽 면에 우리 태양계를 그려놓고, 아홉 개의 행성들이 은하계의 한 지역에 독특하게 배열되어 있는 모습을 이해할 수 있도록 했다. 그중에서 선 한 개를 파이어니어 모양의 아이콘과 세 번째 행성인 지구를 연결했다. 그리고 세이건은 명판에 나신의 남녀 그림을 새겼다. 남자는 한 손을 들어 인사를 하는 형상인데, 이것은 우리가 인사할 때에 이런 모습을 하고 있음을 보여주기 위한 것이며, 또한 탐사선이 만날지도 모르는 미지의 생명체에 대해 우호적이라는 것을 나타내기 위한 것이다. 파이어니어의 그림에는 척도도 함께 수록되어 있다. 1972년에 발사된 무인 우주탐사선 파이어니어 10호는 지금 이미 태양계를 떠나 우주공간을 여행하고 있는데, 이것은 인류로부터의 최초의 메시지를 싣고 있다.

그러나 명판은 상당히 복잡한 구성에도 불구하고 인간의 정보에 관해서는 모델 두 명의 모양과 크기 이외에는 아무것도 전해주는 게 없다. 그 이유는 우리에 관한 더 상세한 정보를 전달하려면 언어와 문자가 필요한데, 인간의 언어와 문자는 공간을 뛰어넘어 다른 별로 전해질 수 없는 것이기 때문이다.

그 외에 1만 년 후의 후손들에게 메시지를 전달하려는 시도도 있었다. 1980년대 초반에 미국 핵규제위원회는 핵폐기물을 외딴 사막지대에 매립할 방법을 생각하고 있었다. 그러나 이 물질은 향후 1만 년 동안이나 방사능을 누출하는 위험물이었다. 위원회는 매립한 지역 위에 비석을 세워 '접근 금지'라는 메시지를 남기고 싶었다. 그러나 1만 년 후의 후손들에게 어떻게 하면 접근 금지의 메시지를 전달할 수 있을까? 1만 년 후에는 어떤 문화나 언어가 남아 있을지, 또는 아예 그런 것은 남아 있지 않을지 아무도 모른다.

위원회는 1만 년 후의 자손들이 자신들의 과거나 언어를 전혀 모르는 상태에서도 이해할 수 있는 방식으로 전달할 수 있는 방법을 찾고자 했다. 이 문제에 대한 해결책을 찾으려고 다방면에서 여러 가지 방법이 시도되었으며, 마침내 인디애나 대학교의 언어학 및 기호학 명예 교수인 토머스 시벅이 포함된 전문가 그룹이 이 과제를 맡았다.

최종 보고서의 제목은 '1만 년을 잇는 의사소통의 수단'이었다. 이 과제에는 단계마다 난점이 있었다. 첫째는 의사소통의 전달매체를 신뢰할 수 없다는 문제점이었다. 모든 메시지 전달매체는 시간과 공간에 따라 소멸된다. CD는 연기신호보다 오래 지속되겠지만, 결국 소멸될 것이다. 둘째는 부호의 문제였다. 모든 언어적 연계가 사라질 경우를 가정하기 때문에 언어는 쓸 수 없다. CD는 많은 양의 정보를 부호화할 수 있지만, 컴퓨터나 기타 호환 가능한 장치가 1만 년 후에 존재할지, 또는 전기가 그때까지 존재할지조차 예측힐 수 없다. 그렇다고 표의문자는 진통직인 배경이 사라졌기 때문에 사용할 수 없다. 예를 들어 금지 표시를 손에 든 인간의 형상은 오히려 환영의 의미로 해석될 수 있다. 미국에서 흔히 쓰는 OK 신호, 즉 엄지와 검지로 동그라미를 그리는 몸짓은 일본에서는 돈, 프랑스에서는 영(0), 고대 그리스에서는 외설스런 행위를 뜻한다. 셋째는 수용의 문제였다. 설사 그 메시지가 계속 존재하고 후손들이 그것을 이해한다 하더라도 미래 세대들이 과거의 금지 명령에 따른다는 보장은 없다는 것이 연구의 결론이었다. 시벅 교수의 연구 결과를 보며 존 맨 박사는 다음과 같이 말했다.

메시지를 시간의 간극을 넘어 먼 미래로 전달할 수 있는 확실한 방법이란 없다. 유일하게 가능한 방법이 있다면, 그 간극을 넘는 문화적 가교를 만들어 공유된 지식이 계속 존재하도록 만드는 것뿐이다.[87]

그렇다. 수백 년 또는 수천 년 후의 미래로 우리의 메시지를 전달할 수 있

---

87) 존 맨(2003), 『세상을 바꾼 문자, 알파벳』, 예지, 59~63쪽.

는 확실한 방법은 없다. 후손에게 우리의 이야기를 전달할 수 있는 유일한 방법은 언어와 문자를 보존하고 문화가 유지될 수 있도록 만들어, 후손들이 우리의 지식을 공유할 수 있도록 돕는 것뿐이다.

한자에 의존하여 지식을 전달했던 조선 시대에는 한자를 모르는 일반 백성들이 지녔던 많은 기술과 아름다운 이야기들이 구전으로 전해지다 소멸되어갔다. 그러더니 한글이 자리를 잡느라고 힘겹던 지난 100년 사이에는 한자로 전해져 오던 선조들의 역사와 문화가 젊은이들로부터 단절되고 있다. 천만년을 내다보는 우리 눈앞에 지금 당장 보이는 것은 한자로 남아 있는 과거 문헌과 한글만 남게 될 미래 세대 사이의 단절이다.

한글전용은 정보교환의 민주성과 효율성을 위하여 반드시 이루어져야 하는 필연적인 과정이었으며, 한글은 이제 한반도에서 되돌릴 수 없을 만큼 확고하게 자리를 잡았다. 그러나 아직 해결되지 않은 한 가지 과제가 남았다. 조선 시대까지 남겨진 한자 문헌들의 문제이다. 다행하게도 현재까지는 한자를 아는 세대와 한글을 아는 세대가 공존하고 있다. 우리 세대는 과거와 미래를 연결해줄 수 있는 마지막 세대이자 유일한 세대이다. 우리 다음 세대들이 조상의 문화유산을 공유하기 위해서는 무엇보다 먼저 현존하는 한자 문헌들을 한글로 번역하여 정보들을 유지하고 교환할 수 있어야 한다. 우리가 아무런 조치를 취하지 않으면 한자문화와 한글문화의 공존이 곧 끝나게 되고, 한자로 기록되었던 지난 2,000년의 역사도 사라지게 될 것이다.

한글전용으로 생긴 과거와의 단절이 더 이상 진행되면, 우리의 과거를 영원히 잃어버리게 될 것이다. 광복 후 50년 동안 우리는 한자의 지배력에 대항하여 한글을 살리고 확산시키는 일에 급급했다. 그러나 한글이 제자리를 찾은 이제는 우리의 과거를 잃지 않도록 관심을 가져야 할 때이다. 더 늦기 전에 움직여야 한다. 우리의 과거와 미래를 이어줄 한글 프로젝트를 시작해야 할 시점이다.

우리가 해야 할 가장 시급한 일은 한자로 되어 있는 과거의 중요한 유산들을 한글화하여 가능한 한 많은 사람들이 그것을 활용할 수 있게 하고, 그 한글문서를 후대에 남겨주는 일이다. 물론 이 작업들이 이미 시작되었다는 기쁜 소식들이 있다. 최근 국사편찬위원회는 『조선왕조실록』의 원문과 한글 번역문을 온라인서비스(http://sillok.history.go.kr)로 제공하고 있다. 검색어를 입력하면 해당하는 항목들을 매우 편리하게 한글 번역문과 원문을 동시에 비교하며 볼 수 있게 되어 있다. 또한 문화재청에서도 2005년 12월부터 『훈민정음』과 『삼국유사』 등을 디지털 자료로 구축하여 국가기록유산웹사이트(www.memorykorea.go.kr)에서 서비스를 시작했다. 이 사이트에서는 총 930건(36만 쪽)의 중요 문화재의 고해상도 원문 이미지를 제공하고 있으며, 이 자료를 한문 정자로 전환한 텍스트 및 서지정보 등을 제공하고 있다. 이 자료들의 한글 번역은 2006년부터 시작되었다. 한편 성균관대 동아시아학술원 도서관인 존경각(http://east.skku.ac.kr)에서는 사서삼경에 대한 이황, 이이, 정약용 등 조선 유학자들의 주석과 해제집을 고해상도 원문 이미지로 제공하고 있다. 이른 시일 내에 이 문서들의 한글 번역도 기대한다.

앞으로도 계속 이런 사업들이 확대되어 더 많은 한문 문헌자료들의 원문과 한글본이 디지털 자료로 저장됨으로써, 그동안 접근이 어려웠던 일반인들에게 공개될 것이다. 그러면 국민 전체가 한자를 배우지 않더라도 선인들의 지식을 전수받을 수 있으며, 내일의 후손에게 전달할 수 있게 될 것이다.

한글과 과거 유산의 한글화는 우리의 과거와 현재와 미래를 이어주는 가교가 될 것이다. 또한 한글은 앞으로 다가올 민족통일의 시대에 남한과 북한을 이어주는 가장 중요한 끈이 될 것이며, 한국인의 자긍심을 키워주고, 민족의 단결을 공고히 해주는 이유가 될 것이다. 한글은 한국을 지킬 문자이다.

2_
세계 정보의
한글화를 향하여

　대한민국의 세계화를 위한 전제조건은 한국인의 세계화이다. 대한민국의 세계화를 위해서는 세상의 중요한 정보들을 한글화하여, 오늘의 한국인들이 그리고 미래의 후손들이 한글로 세계의 고급 정보들을 손쉽고 빠르게 이용할 수 있는 기반을 구축해야 한다. 외국 문헌들을 한글로 전환하기 위해서는 컴퓨터에 의한 자동번역 기술의 획기적인 발전도 필요하고, 전문 번역사들의 양성도 필요하다. 우리는 기억해야 한다. 한국인에게 한국어와 한글보다 더 적합한 정보교환 수단은 없다. 한반도에서 진정한 의미의 정보민주화는 전 국민의 영어화로 성취되는 것이 아니라, 모든 정보의 한글화로 이루어질 수 있는 것이다.

가장 철저한 계급사회를 이루었던 힌두 사회는 상류계층이 지식의 독점을 위해 얼마나 배타적일 수 있는가를 보여준다.

> 카스트마다 특별한 권한과 의무를 부여한 힌두 사회는 문자를 거의 사용하지 않았다. 공동체의 안위와 우주의 지속을 확보해주는 신성한 『베다』 찬가의 암기와 암송은 브라만의 관리하에 있었으며, 최고 계급인 그들의 지위는 이 독점을 확보함으로써 가능했다. 그들은 이 찬가가 어떻게, 언제, 누구 앞에서 암송되어야 하는가를 알고 있었으며, 누가 이 정보를 공유하기에 적합한가도 알고 있었다. 지식이 희박해지는 것은 종종 권력의 약화를 의미한다. 힌두법의 고전적 저작인 『마누법전(Manusmrti)』에 의하면, 최하층 계급인 수드라가 우연히라도 찬가의 낭독을 들었다면, 그의 귀에 납을 녹여서 흘려 넣고, 들은 것을 다시는 입 밖에 내지 못하도록 혀를 잡아 빼며, 몸은 둘로 찢어버려야 한다고 되어 있다. 이것은 편집광증에 버금가는 배타성이다. 따라서 힌두 사회가 문자에 대하여 반감을 가지고 있든가, 기껏해야 무관심했다고 해도 놀랄 일이 아니다. 그리고 아주 오랜 후대에 단지 필요에 의해 문자를 받아들였을 때에도 기성의 질서에 대항할 만한 이유가 있는 사람, 즉 여성의 손에 이 지식이 들어가지 않도록 최대한의 주의를 기울였던 것이다.[88]

힌두 사회 밖에 있는 우리는 힌두 사회의 배타성에 놀라지만, 이와 같은 차별과 배타성은 언제 어디에서나 다양한 형태로 계속 진행되고 있다. 민주문자가 사용되기 이전에는 문자를 아는 사람들이 특권계급이 되었다.

이집트 신왕국시대의 어느 이집트 인은 "모든 가혹한 노동으로부터 몸을

---

88) 앨버틴 가우어(1995), 『문자의 역사』, 도서출판 새날, 287쪽.

지키기 위해서는 글을 익혀라." 하고 말했다. 또 이집트의 필경사이자 작가였던 케티는 글쓰기에 대하여 다음과 같이 예찬했다.

> 글쓰기는 힘든 노동을 면제해준다!
> 봐라, 글쓰기보다 나은 일은 전혀 없다.
> 글쓰기는 방수가 잘된 배와 같다!
> ……
> 나는 네가 글쓰기를 네 어머니보다 사랑하도록 만들어주겠다.
> 네가 글쓰기의 아름다움을 느낄 수 있도록 해주겠다.
> 글쓰기는 다른 어느 직업보다도 위대하다.
> 이 세상에 글쓰기만 한 것은 없다.[89]

고대에 문자 지식으로 특권을 향유했던 사람들은 문자에 접근할 수 있는 계급과 그렇지 못한 계급을 차별함으로써, 그들의 권력구조 안에 들어올 수 있는 사람을 통제했다.

그러나 문자와 신분과 권력의 이런 관계는 고대에 국한되거나 이집트라는 먼 나라에 국한된 이야기가 아니다. 이것은 1900년까지 한자로 한반도를 통치해온 조선의 이야기이기도 하다. 그리고 한자의 힘이 약해진 틈을 타서 나타난 신흥 엘리트 집단이 한자 대신에 영어를 이용하여 그들의 기득권을 공고히 해가는 현재의 우리 이야기이기도 하다. 이집트 시대의 문자 해독 능력이나 조선 시대의 한자 실력이나 오늘날 대한민국에서의 영어 실력은 그 기능이 똑같다. 시대에 따라 이집트 문자를 한자로 또는 영어로 바꾸어놓기만 하면 케티의 예찬은 그대로 딱 들어맞는다.

---

89) 존 맨(2003), 『세상을 바꾼 문자, 알파벳』, 예지, 95쪽.

영어 실력은 좋은 직장을 보장해준다!

봐라, 영어 실력보다 더 효과적인 것은 없다.

영어 실력은 방수가 잘된 배와 같다!

……

나는 네가 영어를 다른 무엇보다 좋아하게 만들어주겠다.

네가 영어의 즐거움을 느낄 수 있도록 해주겠다.

영어 실력은 다른 어떤 능력보다 중요하다.

이 세상에 영어 실력만큼 중요한 성공의 열쇠는 없다.

   1945년 광복 이후 한글의 확산으로 역사 이래 가장 광범위한 민중 교육이 실시되었다. 그리고 그 어느 때보다 민주적인 사회에서 살게 되었다. 그러나 누구나 쉽게 배울 수 있는 한글전용이 확산되어 엘리트 계급과 민중을 구분하는 문자가 사라지게 되자마자 또 다른 계급 분화가 시작되었다. 한문 계급을 대체한 영어 계급이 그것이다.

   한반도에서 영어 계급사회를 유도해가는 사람들은 1980년대에는 세계화라는 슬로건을 내걸고, 1990년대 이후 21세기는 지식정보화 시대라는 명제를 내놓으며 한국에서 영어의 역할을 확대해왔다. 물론 영어는 세계화와 지식정보화를 위한 중요한 수단이다. 그러나 영어가 유일한 수단은 아니다. 1990년대 중반까지만 해도 많은 사람들이 로마 알파벳과 영어가 전 세계의 사이버 공간을 지배하게 될 것이라고 예측했다. 그러나 약 20년이 지난 지금 그들의 예측이 틀렸다는 것을 알 수 있다. 로마 알파벳이 컴퓨터 세상을 지배할 것이라던 예측은 유니코드의 등장으로 빗나간 과거의 이야기가 되었다. 오늘날의 컴퓨터는 유니코드를 이용하여 어떤 프로그램이나 사용하는 언어에 상관없이 세상에 존재하는 143종의 문자를 저장하고 이용할 수 있게 했으며, 우리는 한글로 사이버 공간에서 부족함 없이 활동하고 있다.

인터넷의 확산과 함께 영어가 세상의 다른 언어들을 사멸시킬 것이라던 예측도 빗나가고 있다. 약 20년 전만 해도 인터넷의 정보를 활용하기 위해서는 세상 사람들이 영어에 의존해야만 할 것 같았다. 그러나 오늘날 세계의 각 나라들은 영어에 의존하기보다는 자신들의 모국어와 문자로 자국의 사이버 공간을 운영하고 있다. 또한 활발하게 진행되고 있는 자동번역 시스템은 일반인들이 점점 더 영어에 의존하지 않고도 영어나 다른 외국어로 된 정보들을 모국어로 검색할 수 있도록 도와주고 있다. 우리는 세계화와 정보화 시대에 살고 있다. 하지만 지난 20년 이상의 경험으로 영어를 잘하는 것이 곧바로 세계화가 아니며, 우리나라 국민 모두가 영어를 잘하는 것이 곧 지식의 정보화가 아니라는 것을 알게 되었다.

그런데도 현재 한국이 점점 더 영어에 종속되어가는 이유는 무엇일까? 그것은 한국에서 영어가 세계화나 정보화의 수단이기 이전에, 일반인들을 특권계급으로 상승시켜주는 엘리트 언어가 되었기 때문이다. 오늘날 한국인들이 영어에 병적으로 매달리는 이유는 영어를 잘해서 세계를 제패하겠다거나, 인터넷에 올라오는 영어로 된 정보들을 검색하고 싶기 때문이 아니다. 그보다는 영어실력이 계급 상승의 수단이 되었기 때문이다. 양반 계급 사회의 틀에서 벗어난 국민들이 이제는 영어 기술로 자신이나 자식들이 한국에서 많은 특혜를 누릴 수 있다는 막연한 기대감으로 영어에 매달리고 있다. 많은 부모들이 일단 영어만 잘해도 한국 사회에서 성공할 수 있다고 믿고 있다.

조선 시대의 한자와 현재의 영어의 차이는 단 한 가지이다. 조선 시대에는 소수의 양반만 한자에 매달렸지만, 오늘날에는 전 국민이 영어에 매달려 있다는 것이다. 한국은 2003년 이후 세계에서 토익 시험에 가장 많이 응시하는 나라이다. 2004년에는 450만 명의 응시자 가운데 한국인이 183만 명으로 2위인 일본의 143만 명보다 40만 명이 많았다. 중국은 3만 명, 대만은 5만 명이 시험에 응시했다. 영어 발음을 좋게 하기 위해 다섯 살짜리 아이의 혀를 수술한다는 것은 그것이 아무리 극소수 사람들의 이야기라고 하더라도 인간으로서 도저히 상상할 수 없는 인간 학대이다. 열 살도 안 되는 아이들을 조기 유학이라는 명분으로 부모로부터 유기하고, 급기야는 정상적인 부부의 별거생활로, 끝내는 기러기아빠를 죽음으로까지 몰고 가는 이 사회의 계층 상승을 위한 몸부림은 힌두 사회의 배타성에 못지않은 인간 학대이다.

우리는 정확히 이해해야 한다. 한국에서는 이미 영어가 세계화를 위한 정보교환의 수단으로 사용되는 것이 아니라, 계급과 신분을 나누는 수단으로 오용되고 있다는 것을. 그리고 명심해야 한다. 우리가 영어를 실용성의 관점이 아니라 계층 상승의 관점에서 이용한다면, 이는 조선 시대의 한자에 의한 계급차별과 다를 바 없으며, 한국이 한글로 누릴 수 있는 민주화는 오래가지 못한다는 것을 말이다. 우리가 지금 정신 차리지 않으면, 과거에 금속활자 기술과 한글을 가지고도 세계의 정보혁명을 이끌어내지 못했던 조선의 양반들과 똑같은 우를 범하게 될 것이다.

우리는 많은 정보가 영어로 되어 있다는 것을 알고 있다. 조선 시대에는 한문을 아는 사람들만 고급 정보를 소유할 수 있었던 것처럼, 현재는 영어 원문을 읽고 해독할 수 있는 사람들이 고급 정보를 이용할 수 있다. 그렇다고 세계화와 정보화를 위하여 우리가 해야 하는 일이 모든 국민이 영어를 모국어처럼 잘하게 되는 사회를 만드는 것은 아니다. 우리의 방향은 모든 국민이 영어로 되어 있는 정보를 포함한 중요한 정보들을 한글로 손쉽게 접할 수 있는 사회를 만드는 것이어야 한다. 이것이 진정한 의미의 정보민주화이다. 영어를 잘하는 것은 영어 관련 종사자들의 직업적인 기술이어야 하며, 온 국민이 정복해야 하는 일반 도덕이어서는 안 된다. 지금은 온 국민이 영어를 모국어처럼 하는 능력을 길러야 할 때가 아니라, 영어로 되어 있는 정보들을 한글로 볼 수 있는 기반을 구축해야 할 때이다. 우리의 방향은 전 국민의 영어 정복이 아니라 국제 정보의 한글화여야 한다.

3_
서양 로마 알파벳의 확산과
동양의 한글화

　한글은 한국어 하나만 표기하는 데 그치기에는 그 기능성이 너무나 뛰어난 매우 실용적인 도구이다. 한국을 위하여 한글을 세계에 퍼뜨려야 한다는 식의 국수주의적이거나 편협한 민족주의의 관점에서 한글의 세계화를 바라보는 것은 아니다. 단, 오늘날의 정보화시대에 가장 기본적인 도구가 문자라는 것을 알고, 한글이 제3의 정보혁명 시대의 문자로 가장 적합한 문자 중의 하나라는 사실을 깨달을 필요가 있다. 주변의 나라들이 자신들의 문자의 한계로 어려움을 겪고 있는 것을 보면서 든 생각은, 가장 합리적인 문자를 공동으로 사용함으로써 서로를 도와가며 제3의 그리고 제4의 정보혁명을 이룰 수 있다는 것이다. 이제 전세계가 하나가 되어 함께 움직여야 하는 21세기에, 정보가 곧 경제이자 힘이며 미래인 전자정보시대에 좀 더 많은 사회, 좀 더 많은 사람들이 한글을 이용하여 지식을 공유하며 정보의 민주화를 함께 누릴 수 있기를 꿈꾼다.

우리는 문자의 힘을 알고 있다. 오늘날 서구 선진국들이 누리고 있는 지식문명과 경제적인 부와 정치적 민주주의는 그리스 알파벳과 활자 인쇄술을 백분 활용할 수 있었기 때문이다. 오늘날 그리스 알파벳에서 파생된 로마 알파벳과 키릴 문자가 전 세계 인쇄물의 80% 이상을 차지하며 전 세계의 정보화에 가장 큰 영향을 미치고 있다. 그 이유는 그리스 알파벳이 그리스라는 한 국가의 문자로 남지 않고, 전 세계의 여러 나라에서 사용하는 문자로 확산되었기 때문이다.

물론 그리스 알파벳이 이렇게 널리 확산된 이유는 두 가지이다. 하나는 그리스 알파벳이 배우기 쉽고 활용하기 쉬운 음소문자였다는 문자 자체의 우수성이다. 다른 하나는 고대 그리스가 주변 국가들에 강력한 영향력을 미칠 수 있는 매우 진보된 문명과 힘을 보유하고 있었다는 점이다. 그리스 문자는 로마의 번영과 기독교의 확산, 그리고 근대 서구의 식민지 정책과 함께 전 세계로 퍼져나갔으며, 20세기에 들어 문자가 없던 많은 아프리카 원주민들의 문자가 되기도 했다.

이와 평행하게 우리는 한글의 힘도 알고 있다. 한글은 그리스 알파벳보다 진보한 음소문자이며, 인류가 발명한 문자 중 최고의 문자이다. 그러나 지금까지의 한글은 그리스 문자와 한 가지 점에서 다르다. 그리스 문자는 세계 문자로 확대되었지만, 한글은 세계 문자로까지는 아니더라도 동양의 문자로도 확대되지 못했다는 점이다.

문자의 기능성이라는 관점에서만 생각한다면, 한글은 가깝게는 중국과 일본의 문자 문제를 나아가 동양의 대부분의 문자 문제를 해결할 수 있을만큼 민주적이고 국제적인 역량을 가진 실용적인 문자이다. 한 예로 중국어의 로마 알파벳 병음표기를 생각해볼 수 있다.[90] 노신이 죽어가면서 "한자가

---

90) 한어병음자모(Pinyin system)는 1958년 중국 정부에 의해 제정된 것으로 로마 알파벳을 사용한

망하지 않으면 중국은 반드시 망한다."고 예언했을 만큼 한자는 현대 전자 정보 사회의 문자로 활용하기에는 부적절한 결정적인 결함을 가지고 있다. 중국은 한자의 한계성을 극복하기 위하여 현재 로마 알파벳을 차용하여 발음을 표기하고 있다. 그러나 문자적 측면에서 보면 중국은 로마 알파벳보다 한글을 차용했을 때 훨씬 더 효과적으로 한자의 발음표기 문제를 해결할 수 있었다. 한글은 원래 창제의 목적 중의 하나가 한자의 발음을 표기하기 위한 것이었다. 한글은 중국의 한자와 평행하게 음절단위로 말소리를 표기한다. 한자를 표기하기에 한글보다 적합한 문자는 없다. 중국은 로마 알파벳 대신에 한글을 차용할 수 있었다. 그러나 그런 일은 일어나지 않았다. 문자의 채택은 실용성의 문제 이전에 사회문화적이며 정치적인 문제이기 때문이다.

한국과 중국의 문화적 종속관계의 틀에서 자유로웠던 헐버트는 이미 127년 전에 "한글의 우수성으로 보아 중국이 한글을 자신들의 문자로 채택해야 한다고 여러 글에서 주장했다."[91] 헐버트는 또 중국 정부와 교섭하여 3만여 개의 한자를 38개의 문자로 대체하는 제안을 했음을 『시카고 데일리 뉴스 (Chicago Daily News)』지 회견 기사에서 밝히기도 했다고 한다.[92] 헐버트의 이와 같은 주장은 문자의 기능성이라는 객관적인 측면만 고려한다면, 중국어, 한국어, 일본어 표기를 위해 한글이 단연코 가장 우수한 문자라는 것을 뒷받침하는 증거이다.

우리는 한국어를 로마 알파벳으로 표기할 때의 어려움과 비경제성을 알고 있다. 중국어를 로마 알파벳으로 표기할 때도 이와 비슷한 어려움이 있

한자 발음의 표음부호이다.

91) 김동진(2010), 『파란눈의 한국혼 헐버트』, 참좋은친구, 75쪽.

92) 김동진(2010), 위 책, 128쪽.

다. 예를 들어, 중국어에서 '江澤民'을 로마자병어로 표기하면 'Jiangzemin' 이 되고, 한글로 표기하면 '장쩌민'이 된다. 로마 알파벳 표기는 입력해야 하는 자수가 많을 뿐만 아니라 음절단위의 한자와 곧바로 대응해서 읽기도 쉽지 않다. 로마 알파벳 표기는 말소리를 음절단위로 표기하지 않고, 음소를 일렬로 나열하는 방식으로 표기할 수밖에 없기 때문이다.

반면에 한글은 음소문자이면서도 음절단위로 모아쓰는 표기법을 사용하므로 중국 한자의 음절단위 표기를 일대일 대응으로 효과적으로 표기할 수 있다. 또 다른 예로 '天安門'은 'Tian'anmen'으로 표기하는데, 로마 알파벳 표기는 음절을 구분하지 못하기 때문에 그대로 일렬식으로 두면 '톈안먼'인지 '톄난먼'인지 구분할 수 없다는 문제점을 가지고 있다. 마치 우리말에서 '발음'과 '바름'은 전혀 다른 단어인데, 로마 알파벳으로는 똑같이 'bareum'으로 표기되는 것과 비슷한 경우이다.

현재 중국에서는 이렇게 음절 경계가 불분명한 로마 알파벳 표기의 문제점을 보완하기 위하여 격음부호인 어깨점(ˊ)을 추가로 삽입하여 음절 경계를 표시하고 있다. 중국어의 병음표기를 한글로 하면 이런 문제들을 피할 수 있다. 한글로 한자의 발음을 표기하면 로마 알파벳이 가지고 있는 음소문자의 이점을 모두 살리는 동시에 한자와 한글을 일대일 대응으로 표기하고 읽을 수 있으며, 입력해야 하는 글자수도 줄이고, 또한 특수기호의 사용을 피할 수 있으므로 여러 측면에서 문자표기의 경제성을 살릴 수 있다. 중국이 병음표기만이라도 한글을 사용한다면, 현재의 로마 알파벳을 사용하는 것보다 훨씬 효율적으로 13억여 인구의 교육을 활성화하고 정보교환의 경제성을 살릴 수 있을 것이다.

일본어의 경우는 언어 자체가 받침이 없는 모음-자음의 단순한 음절구조를 가지고 있고, 또 소리 표현이 가능한 히라가나와 가타카나를 가지고 있으므로 중국어보다는 그 상황이 훨씬 낫다.[93]

그러나 일본어 역시 한자를 완전히 없애고 히라가나 전용을 실시할 수 없다는 한계가 있을 뿐만 아니라, 현재 한자, 히라가나, 가타카나, 로마 알파벳의 4개 문자를 동시에 사용해야 하는 부담을 안고 있다. 히라가나와 가타카나는 음소 분리가 불가능한 음절문자이다. 12개로 제한된 휴대전화의 자판 내에서 메시지를 보내고, 60개 정도의 컴퓨터 자판에서 모든 문서작업을 끝내기에는 100개에 가까운 히라가나와 가타카나의 숫자가 여전히 너무 많다.

이 문제를 해결하기 위해 일본에서는 컴퓨터와 휴대전화에서 문자를 입력할 때 로마 알파벳으로 발음을 입력하여 히라가나와 가타카나로 자동 전환되도록, 한자는 동일 발음 한자 중의 하나를 선택하도록 하는 이중의 절차를 거치고 있다. 그러나 만약 일본이 한글을 차용한다면 히라가나와 가타카나와 로마 알파벳을 사용해야 하는 문제를 한글 하나로 해결할 수 있다.

물론 한 국가의 문자정책을 바꾸는 일은 결코 쉬운 일이 아니라는 사실을 우리는 잘 알고 있다. 칭기즈 칸의 힘으로도, 한글의 우수성으로도 그 당시의 사회를 설득시킬 수 없었던 역사를 알고 있다. 그러나 중국과 일본을 포함하여 동양의 국가들이 한글을 공동으로 사용하면, 언어는 달라도 서구의 대부분의 나라들이 로마 알파벳을 같이 사용함으로써 얻고 있는 모든 긍정적인 효과들을 동양의 국가들도 얻어낼 수 있다는 것 또한 사실이다.

21세기 전자정보시대는 13세기 칭기즈 칸의 시대나 15세기 조선 시대와는 다르며, 19세기 제국주의시대와도 다르다. 고대 사회는 이집트 문자나

---

93) 일본의 히라가나와 가타카나는 표음문자이며 8~10세기경에 발달되었다. 한자의 글자 중 일부를 떼어내 만든 글자들로 각각 47개의 음절문자로 구성되어 있다.

한자와 같은 엘리트 문자가 번성할 수 있는 시대였다. 그 사회는 문자와 함께 중요한 정보들을 소수의 지배계급이 독점하고 관리하는 것으로 충분하고, 또 그것이 중요한 시대였다. 그러나 구텐베르크의 활자 인쇄술이 발명된 이후의 근대 사회에 들어오면서 상황이 달라졌다. 15세기까지만 해도 중국은 전 세계에서 가장 진보된 기술을 가지고 있었다. 근대 사회의 문을 연 3대 발명인 나침반과 화약과 종이를 포함한 인쇄술은 모두 중국에서 발명된 것이었다. 이 기술들은 모두 중국에서 시작되었지만 정작 이것을 활용하여 인류 문명을 획기적으로 바꾼 것은 유럽이었다. 15세기 이후 20세기까지 서구 유럽 국가들의 눈부신 발전과 비교할 때, 중국의 역사는 후퇴의 역사라고 할 수 있었다.

서구 유럽과 중국 사이의 이 상대적인 격차는 근본적으로 그들이 사용한 문자의 차이에서 온 것이다. 구텐베르크 인쇄술의 발달이 불러온 종교, 경제, 과학의 혁명에는 무엇보다도 누구나 쉽게 배울 수 있는 로마 알파벳이 있었고, 이 민주문자를 중심으로 많은 사람들이 자신의 정보와 지식을 공유할 수 있었기 때문이다. 서양에서 두 번째 정보혁명이 일어나는 동안 내내 중국을 포함한 동양의 대부분의 나라는 한자에 묶여 있었으며, 제2의 정보혁명기를 경험할 수 없었다. 서양과 동양이 사용했던 문자의 차이가 19세기말 서양과 동양의 차이를 만들었다. 그러나 제3의 정보혁명을 경험하고 있는 오늘날 더 이상 엘리트 문자로는 세상을 버틸 수 없다는 것이 자명해지고, 한자의 종주국인 중국까지도 로마 알파벳을 빌려다 쓰게 되었다. 이제 문자는 더 이상 특정 계급의 전유물일 수 없으며, 모든 사람이 정보교환을 쉽게 할 수 있도록 도와주는 보조수단이어야 한다는 것을 모두가 이해하게 되었다.

서양에서 그리스 알파벳이 그러했듯이 동양의 국가들이 누구나 배우기 쉽고 오늘날의 정보화 기술에 적합한 공통의 문자를 사용하면, 제2의 정보혁명 시기에 서양의 국가들이 이루었던 정치적 · 경제적 · 사회적인 발전 이상의 효과를 동양 국가들의 힘으로 이루어낼 수 있다. 동양 국가들이 문자의 힘을 인식하고 문자의 통일을 이루면, 동양에서 또 한 번의 정보혁명을 실현할 수 있을 것이다. 한글은 정보화와 기계화 그리고 세계화에 적합한 문자이다. 그리고 동양의 언어를 표기하기에 로마 알파벳보다 훨씬 효율적인 문자이다. 그리스 알파벳이 서양의 민주문자가 되었던 것처럼 한글은 동양의 민주문자, 나아가 세계의 민주문자가 될 수 있는 자질을 가지고 있다.

우리가 이 사실을 확실히 이해하고 우리의 안목을 한반도에 국한시키지 않고 세계로 넓힐 때, 한글은 한반도뿐만 아니라 인류 문자 역사에서 더 큰 역할을 할 수 있을 것이다. 물론 이를 위한 첫걸음은 한국이 한글을 활용하여 동양에서 정치적 · 문화적 · 경제적 측면에서 확실한 위상을 확보하게 되었음을 보여주는 것이다. 그리고 우리들부터 한글의 세계화 가능성을 믿고, 동양 사회에서 문자의 통일로 얻어낼 수 있는 긍정적인 효과들을 이해하는 것이다.

한글의 세계화는 한국과 한국인의 세계화에서 시작될 것이다.

4_
소수언어 사회로의
한글 수출과 한글의 미래

　찌아찌아 족이 2009년에 한글을 그들의 문자로 채택했을 때, 한국인
들은 다시 한 번 한글에 주목했다. 한글 역사 이래 첫 번째 한글 수출이
었고, 한글 세계화의 첫걸음이었다. 세종이 조선 백성을 위해 만들었던
한글이 오늘날 5천만 대한민국의 민주화를 이루고, 이제 다른 민족의
문맹의 고통을 해결하기 위해 활용되는 것을 바라보는 것만으로도 한
국인으로서 가슴 벅찬 일이었다. 그러나 찌아찌아 족의 한글 차용은 5,
6년이라는 짧은 역사에도 불구하고 한글 수출의 허와 실을 적나라하게
보여준 상직적인 사례이다. 찌아찌아 족의 험난한 한글 차용 과정은 한
글의 세계화의 가능성을 정확히 이해하는 데 지표가 되는 귀중한 사례
이다.

찌아찌아 족의 한글 차용은 인류의 문자 역사에서 다른 어떤 문자의 차용과도 다른 독특한 세 가지 특징이 있다.

첫째는, 찌아찌아 족의 한글 차용이 언어 제국주의의 강압이나 특정 종교의 포교와 같은 또 다른 목적을 위한 수단으로 이루어진 것이 아니라는 점이다. 찌아찌아 족의 한글 차용은 한자나 로마 알파벳 또는 키릴 문자의 문자 확산과는 성격이 완전히 다르다. 19세기 동남아 국가로 확산된 로마 알파벳은 서구 유럽 국가들이 식민지 정책을 수행하기 위한 수단으로 강제적으로 보급한 것이거나, 기독교의 포교를 목적으로 시작된 경우가 대부분이었다. 키릴 문자는 공산주의라는 강력한 독재력으로 동유럽과 중앙아시아와 몽골 등의 지역에서 강요되었다. 세상을 제패했던 이런 문자들의 확산은 모두 정치적 또는 경제적 강대국에 의한 강제력에 의한 것이지, 그 문자를 차용한 민중이 자발적으로 또는 그 문자체계가 자신들의 언어를 표기하기에 가장 적합한 문자였기 때문이 아니었다. 반면에 찌아찌아 족의 한글 차용은 그들이 거주하는 지방정부와의 협의와 상호 합의에 의해 이루어진 자발적인 것이었다.

찌아찌아 족의 한글 차용의 두 번째 특징은 그들이 한글을 수입한 목적이 민중의 모어를 표기하기 위한 것이며, 제국의 언어를 배우기 위한 수단에서 출발한 것이 아니라는 점이다. 훈민정음학회에 찌아찌아 족을 처음 소개한 전태현 교수는, "찌아찌아 족의 한글 차용은 인도네시아의 과거 문자 차용 과정과는 색다르다. 과거의 문자 차용이 왕족과 귀족 또는 특권층을 위해 주로 이루어진 것이라면, 찌아찌아 족의 한글 차용은 현지의 평범한 어린이들의 모어 교육을 위해 이루어진 일이기 때문이다."라고 말했다.[94] 문자가 없어서 자신들의 문화를 이어가지 못하는 찌아찌아 족이 모어 교육을 쉽게

---

94) 전태현 · 조태영(2012), "찌아찌아족 한글 사용의 미래", 『한글』통권 298호, 117쪽.

하기 위해 차용한 문자가 한글이며, 찌아찌아 족이 차용한 한글은 강대국의 강제성이나 권력성과는 거리가 먼 민주문자인 것이다.

찌아찌아 족의 한글 차용의 세 번째 특징은 한글이 찌아찌아 어를 표기하기에 적절한 문자체계라는 언어학적 적합성을 바탕으로 이루어졌다는 점이다. 과거 제국의 언어들이 현지 언어체계의 특성을 고려하지 않은 채 문자를 보급했던 것과는 달리, 한글은 도입하기 이전에 찌아찌아 어의 말소리를 표기하기에 적절한 문자인가를 검토하고 한글 차용을 시도했다. 우리는 우리말을 표기하기에 적절하지 않은 한자를 도입했기 때문에, 한자를 도입한 지 천 년이 지나도록 우리의 모국어를 제대로 표기하지 못한 경험을 했다. 로마 알파벳으로 우리말을 표기하려고 할 때 얼마나 어색하고 불편한 일인가를 지금도 경험하고 있다. 로마 알파벳이 서구 문명에서 가장 진보된 문자라고 하더라도 현지 언어체계의 특성에 따라 그 언어를 표기하기에 적절하지 않을 수 있다. 찌아찌아 족의 한글은 도입 이전에 그 언어학적·기술적 특성을 미리 가늠하고 시작했다는 점에서 다른 문자의 차용과는 맥을 달리한다.

그러나 찌아찌아 족의 한글 차용은 이와 같은 자주성과 민주성, 그리고 언어적인 적합성에도 불구하고 험난한 굴곡을 겪고 있다. 찌아찌아 족 한글의 현주소는 우리가 그들의 관점에서 한글을 바라볼 때 더 정확하게 이해할 수 있고, 또 앞으로 우리의 역할을 올바르게 계획할 수 있음을 보여준다.

그렇다면 인도네시아의 찌아찌아 족은 누구인가? 인도네시아는 2012년 기준으로 인구가 약 2억 5천만 명이다. 그러나 1,000여 민족이 700개 이상의 언어와 20개 이상의 문자를 사용하는 다민족 다언어 다문자 국가이다. 인도네시아에서 사용자가 백만 명 이상인 언어는 자와 어(7,500만), 순다 어(2,700만), 말레이 어(2,000만), 마두라 어(1,400만), 미낭카바우 어(650만) 등

13개 언어가 있으며, 소수민족이 사용하는 소수언어가 700여 개 있다.[95] 다 언어 중에서 공식어는 인도네시아 어이고, 공식문자는 로마 알파벳이다. 인도네시아에서는 1900년대 초반에 서구 식민지화의 영향으로 로마 알파벳이 공식문자로 보급되어 현재까지 사용되고 있다. 그러나 기원 전후로 인도 문자를 차용하여 14세기까지 인도 문자의 변형들을 사용했으며, 14세기 이후에 이슬람 문명의 영향으로 아랍 문자를 받아들여 18세기까지 아랍 문자의 변형문자를 공식문자로 사용했다. 현재 총 20여 개의 문자를 전통문자로 사용하고 있다. 찌아찌아 족은 인도네시아의 여러 민족들 중에서 남동부의 작은 섬에 흩어져 사는 소수민족으로, 인구는 약 8만 명이다.[96]

찌아찌아 족이 사용하는 찌아찌아 어는 다른 소수민족들의 언어처럼 사멸 위기에 놓여 있다. 현재 찌아찌아 어를 구사할 수 있는 젊은이는 거의 없으며, 찌아찌아 어를 할 줄 아는 노년들마저 급격히 줄고 있다.[97] 이런 상황이 한두 세대만 더 지나면 찌아찌아 어는 사멸할 수도 있다. 찌아찌아 족의 학생들은 학교에서 인도네시아 어로 교육을 받고 정부의 세계화 정책에 따라 영어를 배우지만, 정작 자신들의 모어를 학교에서 교육받은 적이 한 번도 없다. 그들의 언어를 표기할 문자가 없기 때문이다.

찌아찌아 어가 이런 어려운 상황에 처해 있을 때 훈민정음학회가 찌아찌아 어 문자로 한글 채택을 권했고, 2008년 7월 찌아찌아 족이 모여 사는 부톤 섬의 바우바우 시와 양해각서를 체결했다. 그 후 훈민정음학회가 2명의 찌아찌아 인을 국내로 초청하여 연구진과 함께 교재 『바하사 찌아찌아 1』을 제작했다. 그리고 2009년 9월부터 한글로 된 찌아찌아 어 교과서를 이용하

---

95) http://www.bakosurtanal.go.id/perpres/Bab%20II.pdf

96) http://www.ethnologue.com/show_language.asp?code=cia

97) 전태현 · 조태영(2012), 앞 책, 111쪽.

여 찌아찌아 족의 모어 교육을 시작했다. 2012년 9월에『바하사 찌아찌아 2』
가 출간되었으며, 지금까지 바우바우 시 3개 초등학교에서 300여 명의 학생
들을 대상으로 찌아찌아 어 교육이 이루어지고 있다.

그러나 찌아찌아 족이 한글을 차용한 후, 그 짧은 역사에도 불구하고 많
은 갈등이 초래되었다. 첫째는 찌아찌아 족의 한글 차용에 대한 인도네시아
중앙정부의 반대였다. 인도네시아 정부는 국민통합을 위하여 공식어를 인
도네시아 어로 지정하고, 문자가 없는 소수언어는 모두 로마 알파벳으로 표
기하는 것을 정책으로 펼치고 있기 때문이다. 정부는 찌아찌아 어를 위해
로마 알파벳 사용을 권고하고, 수구파 학자들은 인도네시아 전통문자 사용
을 권고했다. 그런데 찌아찌아 족이 로마 알파벳과 전통문자를 모두 마다하
고 지금까지 인도네시아에서 한 번도 사용되지 않은 한글 문자를 새로 도입
했을 때, 인도네시아 정부는 한글 차용을 반대하는 입장이었다.

찌아찌아 족의 한글 차용과 관련된 두 번째 갈등은 한국 정부와의 갈등이
었다. 2008년 바우바우 시가 훈민정음학회와 한글 사용 및 한글 교사 양성
에 관한 양해각서를 체결한 후, 2009년 말에는 서울시와 문화예술 교류 및
협력에 관한 의향서(LOI)를 체결했다. 당시 서울시는 바우바우 시에 서울문
화정보센터를 짓고 한글문화자료관과 도서관, 인터넷 정보실 등을 지원할
의사를 보였지만, 검토 단계에서 모두 백지화했다. 바우바우 시에서 기대했
던 한국과의 교류 및 경제적 지원이 이루어지지 않자, 2010년 말부터 한글
보급이 난항을 겪게 되었다. 그 후 한국 정부는 찌아찌아 족에게 한글과 한
국어를 가르칠 목적으로 2011년 9월에 바우바우 시에 있는 부톤대에 세종
학당을 설립했다. 그러나 이것마저도 재정적 부담, 그리고 바우바우 시와의
갈등으로 2012년 8월, 1년 만에 운영이 중단되었다.

찌아찌아 족의 한글 차용과 관련된 세 번째 갈등은 찌아찌아 어 한글 표

기법 정착과 한국어 교육 사이의 갈등이다. 이 갈등은 한국인들이 한글과 한국어를 혼동하는 데서 시작된 어이없는 갈등이다. 찌아찌아 어에 도입된 한글은 이미 찌아찌아 문자이며, 한국어와는 전혀 상관이 없는 문제이다. 지금 찌아찌아 족들에게 우선적으로 필요한 것은 모든 찌아찌아 족들이 한글 문자를 이용하여 자신의 모어인 찌아찌아 어를 읽고 쓸 수 있는 것이다. 그런데 한글보급이 인도네시아 정부와 갈등의 요소가 되자, 한국어세계화재단은 세종학당을 바우바우 시에서 다시 운영하기로 계획을 세우며, "한국이 한글 교육을 통해 문화 침략을 하려는 것이라는 현지의 악화된 여론을 감안해 외국어로서의 한국어 교육에 초점을 맞추었다. …… 한글을 부족들의 표기어로 보급하는 것과 한국어를 외국어로 가르치는 것은 개념이 다르다고 설명했다."[98] 관계자의 말대로 '한글을 찌아찌아 어의 표기어로 보급하는 것'과 '한국어를 가르치는 것'은 전혀 다른 사업이다. 애초에 훈민정음학회와 찌아찌아 족이 동시에 추구한 것은 찌아찌아 족의 모어를 표기하고 가르칠 수 있는 문자이지, 또 다른 외국어인 한국어 학습이 아니었다.

훈민정음학회가 찌아찌아 족이 한글을 차용할 수 있도록 언어학적이고 기술적인 도움을 준 것은 언어 제국주의나 문화 식민지화와는 전혀 상관이 없으며, 인류의 문자 역사에서 다른 어떤 문자의 보급에서도 볼 수 없었던 순수한 동기에서 시작된 것이다. 또 찌아찌아 족이 복잡한 언어 상황에도 불구하고 자발적으로 한글을 도입하여 자신들의 고유문화를 계승하고 자신들의 언어를 사멸 위기에서 구하려는 시도를 하고 있다는 것은 인류의 언어 역사에서 매우 중요한 사건이다.

그러나 찌아찌아 족의 한글 차용이 보여준 갈등 현상들은 한글의 세계화를 계획하는 이들에게 많은 교훈을 준다. 무엇보다도 문자의 차용은 단지

---

98) "찌아찌아 족 5개월 만에 다시 한국어 수업", 『동아일보』, 2013. 1. 20.

언어학적 과학성이나 언어표기의 기술적인 적합성의 문제가 아니라는 것을 깨닫는 중요한 계기가 되었다. 문자의 차용 또는 문자의 수출은 문자를 도입하는 사회의 주변 환경과 얽혀 있는 문화적 · 사회적 · 정치적 문제이다.

또한 문자의 보급은 단지 단순히 기술적으로 문자체계를 만들어주는 것만으로 끝나는 일이 아니라는 것을 확인하는 계기가 되었다. 한글이 소수언어를 표기하기에 적절한 문자체계이고, 그리하여 그 언어를 표기할 수 있는 한글 문자체계를 만들었다고 하더라도 이것만으로 충분하지 않다. 새로운 문자가 소수민족 사회에 정착될 때까지 많은 시간과 노력 그리고 지원이 필요하다. 새로운 문자를 민중에게 가르쳐줄 교사도 필요하고, 문자를 가르치기 위한 교재도 필요하고, 문자를 교육할 수 있는 제도적 뒷받침도 필요하다. 한글이 소수민족 사회에 뿌리박기까지는 한글 교육을 위한 장기적인 계획과 지원이 필요하다.

찌아찌아 족의 한글은 이제 한국인들이 한글을 수출했던 자기 감탄에서 벗어나, 인류의 문맹탈출과 정보민주화를 위해 한글을 어떻게 활용할 수 있는가를 다시 생각하게 만드는 계기가 되었다.

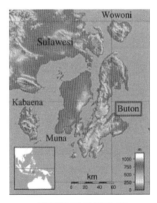

인도네시아의 부톤 섬

바하사 찌아찌아

5_
한글의 세계화를 향하여

 정보민주화를 위한 첫 번째 조건은 모든 민중이 중요한 정보와 지식을 자신의 모국어로 전달받고 활용하는 것이다. 세종대왕이 한글을 창제한 이유도 민중이 자신의 모국어로 법을 이해하고, 문화를 전달하고, 교육을 할 수 있게 하기 위함이었다. 그리고 세종대왕의 정보민주화 정신은 오늘날 한국의 민주화를 이루고, 이제 세계의 정보민주화를 위하여 확산될 수 있는가를 가늠해보는 시기를 맞이하고 있다.

 이제 우리의 임무는 21세기 전자문화시대에 한글이 인류의 정보민주화에 기여할 수 있는 길을 모색하는 것이다. 그러나 이 일은 한국에 대한 감정적인 자긍심이나 한글의 과학성으로만 실현될 수 있는 것이 아니다. 문자보급은 단순히 언어학적인 문제가 아니라 정치적·사회적인 문제이기 때문이다. 한글보급은 소수민족 사회 및 주변 국제사회와의 문화교류와 상호 이해를 바탕으로 가능한 일이다. 또한 문자보급 사업을 하고 있는 국제기관들과 긴밀히 협동할 때 그 효과를 극대화할 수 있다.

유네스코의 2012년 통계에 따르면, 세계 성인의 문해(文解)율은 84.1%로, 세계의 성인들 중 문맹이 7억 7,500만 명이다. 또 15세부터 24세까지 청년층의 문해율은 89.6%로, 청년층 인구 중 1억 2,500만 명이 문맹이다. 다시 말하면, 전 세계 15세 이상의 인구 중에서 9억 명이 글을 읽지 못하는 문맹이라는 뜻이다. 문해율이 가장 낮은 지역은 남서아시아 지역으로 전 세계 문맹 인구의 52%가 밀집되어 있다.

또한 전 세계의 6,000~7,000개의 언어들 중에서 50%가 사멸 위기에 있으며, 전 세계 언어의 90%는 실질적으로 인터넷에서 활용되지 못하고 있다.[99] 전 세계 문맹 인구 중에서 무문자(無文字) 소수민족들은 주로 지리적으로 오지에 위치하고, 자원도 부족하며, 정치적 세력도 부족하고, 사회적으로도 낮은 계급에 속하는 민족이 대부분이다. 문자의 도입으로 이들이 안고 있는 여러 가지 열악한 상황을 직접 해결할 수 있는 것은 아니다. 그러나 문자 도입은 이런 문제들을 해결하도록 돕는 다른 요인들과 결합하여 문제 해결에 도움을 줄 수 있다.

많은 사람들이 오늘날의 지식기반 사회에서 정보는 가장 중요한 기본 자원이며, 세계 정보 네트워크에서 정보를 얻고 지식을 전달하는 능력은 개인의 사회 참여와 삶의 질을 결정하는 핵심 요인이라고 생각한다. 이와 같은 정보화 과정에서 가장 기본적인 요소는 언어이다. 소수민족 언어의 쓰기 체계를 개발하는 일은 그 소수민족의 정보민주화를 위한 가장 기본적인 사업이다. 유네스코 사무총장인 이리나 보코바는, "모국어로 하는 교육은 소수민족들이 차별을 이겨내고, 소외된 민중에게 다가갈 수 있는 강력한 방법이다."라고 말했다. 유네스코는 자신의 모어를 글로 표현하고 사용하는 것이 모든 언어 사용자의 권리라고 믿는다.

---

99) www.unesco.org/webworld/babel

우리나라는 지난 60년간 한글을 활용하여 세계를 놀라게 한 경제적 발전과 사회적 민주화를 이루었다. 우리나라는 쉬운 문자와 모국어를 바탕으로 한 교육과 공적인 업무 수행이 사회의 민주화를 위해 얼마나 큰 영향력을 발휘할 수 있는가를 보여준 살아 있는 증거이다. 한글의 위력을 체험하며 우리는 거꾸로 세종대왕의 뜻이 얼마나 정확하고 위대했던가를 다시 한 번 실감한다. 그리고 이러한 우리의 경험이 무문자 소수민족들의 고통을 더 깊이 이해하고 돕고자 하는 의지를 더 강하게 만든다.

한글이 뿌리를 내린 1990년대 이후 우리나라의 많은 언어학자들이 개인적으로 또는 정부의 도움을 받아 무문자 소수민족에게 한글을 차용할 수 있도록 돕는 사업을 해왔다. 훈민정음학회는 찌아찌아 족에게 한글을 보급함으로써 찌아찌아 족들이 그들의 모어를 교육할 수 있는 길을 열고자 했다. 이현복 서울대 명예교수는 타이 북부 고산지대에 사는 라후 족의 언어를 표기하기 위한 '라후 한글문자 표기체계'를 확립하고 보급했다.[100] 이현복 교수는 라후 어가 한국어와 매우 비슷한 언어구조이고 발음체계도 비슷해서 한글을 표기문자로 활용하기에 적합한 언어라고 판단했다. 성균관 대학교의 전광진 교수는 중국의 소수민족인 로바 족의 언어 표기를 위한 '로바 어 서사법'을 확립했다.[101] 전광진 교수는 로바 어는 음절단위 표기가 가능한 한글의 장점이 돋보이는 언어라고 평가했다. 이 외에도 김석연 뉴욕 주립대 명예교수는 누리글(훈민정음을 일부 수정한 한글 문자체계)을 활용하여 네

---

100) 라후 족은 태국에 10만 명, 중국에 72만 명, 미얀마에 15만 명, 타이에 3~10만 명, 라오스에 1만 5,000명, 베트남에 5,000명 정도로 총 100만 명 정도가 여러 지역에 흩어져 살고 있다. (http://en.wikipedia.org/wiki/Lahu_people, 2013. 5. 21.) 참고.

101) 로바 족 인구는 총 20~30만 명으로 추정되며, 중국에 2,300명, 네팔 북쪽의 무스탕 지역에 3만 명, 인도 북부 아르나칼 프라데시 주에 24만 명 정도 등 넓은 지역에 걸쳐 거주하고 있는 소수민족이다.

팔, 필리핀 등 오지에 거주하는 무문자 소수민족이 한글을 활용할 수 있도록 돕고 있다. 또 서울대 인문정보연구소는 남태평양 솔로몬 제도의 과달카날 주와 말라이타 주의 토착언어를 한글로 표기한 교과서를 만들고, 2012년부터 현지 중·고등학교 각각 한 곳에서 교육을 시작했다.[102]

그러나 우리가 찌아찌아 족의 사례에서 살펴본 것처럼 무문자 사회에 문자를 보급하는 것이 단순한 기술적·언어학적 측면의 문제가 아니다. 문자의 보급은 그 민족의 역사와 관련된 사회적 관습의 문제이며, 주변 사회와 얽혀 있는 정치적 문제이다. 또한 도입된 문자가 소수민족 사회에 정착되기까지 문자 교육을 위한 장기적인 계획과 지속적인 경제적 지원이 필요한 사업이다.

서양의 선진국들은 우리보다 수백 년이나 앞서 소수민족에게 로마 알파벳을 보급하는 사업을 해왔다. 현재 가장 대표적인 기관은 유네스코이다. 유네스코는 민중의 교육을 위해서는 모어를 사용하는 것이 무엇보다 중요하며, 이를 위해 소수민족 사회에 문자를 보급하는 것이 우선 조건이라고 생각한다. 유네스코는 문자보급에 관여하는 다양한 국제단체들의 정책지침을 세우고, 문자보급이라는 공통의 목적을 가진 단체들이 서로의 경험과 전문적인 지식들을 공유할 수 있도록 돕고 있다. 문자보급과 관련된 유네스코 사업의 기본 문자는 로마 알파벳이다.[103]

물론 이보다 먼저 수세기 동안 기독교 선교 단체들이 소수민족들에게 로

---

102) chosun.com 2012. 10. 9.

103) 유네스코는 바벨 계획(Initiative Babel)을 세워 다언어 사용을 촉진하고 소수 민족어를 포함한 모든 인류의 언어로 사이버 공간에 접근할 수 있는 사업을 진행하고 있다. 바벨 계획은 컴퓨터를 활용하여 소수언어를 음성신호로 받아 적은 후 이를 곧바로 문자화하는 방법을 찾고 있다. 이는 소수민족이 그들의 모국어로 정보화의 혜택을 누림과 동시에 그들의 문화유산을 기록으로 남길 수 있는 방법을 제공하기 위한 사업이다.

마 알파벳을 보급해왔다. 문자체계 개발을 위한 세계적인 단체는 국제여름언어학교(Summer Institute of Linguistics International)이다. 이 기관은 미국의 텍사스 주에 기반을 두고 있으며, 1934년에 설립된 기독교 중심의 비영리단체로 소수언어를 기록으로 남기고, 소수민족의 문해율을 높이고, 성경을 소수언어로 번역하기 위한 목적으로 세워졌다. 매년 여름 선교사나 소수언어에 관심이 있는 사람들에게 문자체계 개발을 위한 언어분석훈련 과정을 제공하는 것에서부터 시작했다. 이 기관은 지금까지 1,500개 이상의 소수언어를 연구하고 분석해왔으며, 최근에는 유네스코와 협력하여 전자 형식으로 언어구조를 분석하고 문자로 표기하는 소프트웨어를 개발하는 연구를 진행하고 있다.

　유네스코와 국제여름언어학교는 전 세계 소수민족들에게 문자를 보급하는 일을 추진하는 가장 핵심적인 국제기관이다. 그러나 두 기관 모두 로마 알파벳을 문자 보급을 위한 기본문자로 활용하고 있다. 이들은 아직 한글을 소수 민족어를 위한 문자로 활용하는 것에 관심이 없다. 그들에게는 로마 알파벳이 매우 익숙한 문자이고 한글에 대해서는 많은 정보를 가지고 있지 않기 때문이다.[104]

---

104) 누리글 보급 사업과 관련하여, '누리글'이 바로 그 '보편적 표기 수단(Global Writing System)'이요, 21세기 '정보화의 도구'인 것을 필자가 유네스코 심포지엄에서 증명했을 때, 유네스코 위원장 크리스티안 갈린스키(Christian Galinsky)는 과연 누리글이 전 지구적 표기 문자인 것을 인정하면서 경탄했고, 학회 참석자들도 누리글이야말로 전 지구적 표기 수단인 것을 인정했다. 그중에도 중국어의 기계번역을 연구하는 중국인 교수 펭 찌웨이(Feng Zhiwei)는 필자가 중국어 원문을 누리글로 음역한 예문을 낭독한 것을 듣고 누리글 표기가 중국어를 완벽하게 발음해내는 것에 "완벽해!(Perfect!)" 하면서 기립박수를 아끼지 않았다. 또 부위원장 빅토르 몬트빌로프(Victor Montviloff)는 "누리글이야말로 모든 사람의 말소리를 가장 정확하게 음역할 수 있는 극상의 표기체계이다."라고 논평했다. 이런 상황에서 김석연 교수가 유네스코 위원장 갈린스키에게 "그러면 '누리글'을 유네스코에서 '국제공통문자체계(Universal Character Set)'로 채택해달라."라는 요청을 했더니, 갈린스키는 "누리글이 아주 효율적인 글인 것은 인정하지만, 이 누리글로 실지 문맹을 퇴치한 사례(case study)들을 많이 제시해주어야 가능한 일이다."

급속히 진행되는 세계화의 조류 속에서 소수민족의 문자 개발은 소수 민족어와 함께 영어와 로마 알파벳의 역학관계가 얽혀 있는 언어사회적인 문제이기도 하다. 서양 학자들은 오늘날 문자의 실용성 문제는 언어학적으로 소수언어의 발음을 표기하기에 적합한가의 문제일 뿐만 아니라, 세계 여러 나라가 사용하고 있는 문자와 언어를 배우고 활용하도록 돕는 글로벌 기능의 문제이기도 하다고 생각한다. 영어의 세계화와 로마 알파벳의 세계화가 그 어느 때보다 세력을 넓혀가고 있는 현상을 직시하며, 우리는 소수민족에게 한글을 보급하는 것이 얼마나 타당한 것이며, 또 얼마나 실현 가능성이 있는가를 다시 한 번 묻게 된다.

로마 알파벳이 세계 공용문자로 자리를 넓혀가고 있는 것이 사실이다. 그러나 로마 알파벳이 모든 언어를 가장 정확하고 쉽게 표기할 수 있는 최적의 알파벳이 아니다. 특히 로마 알파벳으로 동양의 언어들을 표기하는 데는 많은 어려움이 있다. 이는 한국어를 로마 알파벳으로 표기하기가 매우 어색하고 불편한 것을 보면 쉽게 알 수 있다.

소수민족이 국제사회에서 활동하기 위해서는 세계 공용어가 필요하다. 그러나 소수민족이 자신들의 사회에서 쉽고 빠른 민주적인 정보교환을 하기 위해서는 자신들의 모어로 교육하고 정보를 교환할 수 있어야 한다. 이런 이유에서 유네스코를 포함한 많은 국제단체들이 모든 인류의 다양한 모어를 존중하고 보호하는 다언어주의를 역설하고 있다. 같은 맥락에서 소수민족에게는 자신들의 모어를 가장 쉽게 표기하고, 또 누구나 배우기 쉬운 최적의 문자가 필요하다. 소수 민족어를 표기하고 사용하기에 가장 적합한 문자를 찾아 활용할 수 있을 때 진정한 정보민주화가 가능하기 때문이다. 소수 민족어 중에는 그 언어적 특성에 따라 로마 알파벳보다 한글로 표기하

라고 대답했다고 전해진다. (http://www.nurigeul.org/sub2_02.html)

는 것이 훨씬 더 적합하고, 배우고 활용하기도 쉬운 언어들이 있다. 따라서 소수민족의 문자 채택 문제는 로마 알파벳 중심의 세계화 관점에서 벗어나, 소수민족의 언어와 문화적 특성의 관점에서 접근해야 한다. 소수민족을 위한 문자보급은 과거처럼 그 지역을 정복한 제국의 편리성이나 특정 종교의 포교를 목적으로 하는 목적성에 의존하지 않고 정보민주화라는 좀 더 인본주의적인 목적이 기반이 되어야 한다.

세종대왕의 한글 창제 목적 그대로를 바탕으로 민주문자가 없어서 고통받는 소수민족에게 문자를 보급할 때 한글의 세계화가 자연스럽게 실현될 것이다. 국제단체들과의 적극적인 상호협력은 소수 민족어의 문자보급 효과를 극대화할 수 있을 것이다. 소수민족의 언어적 특성과 그 민족이 속해 있는 국가의 정치적·경제적·문화적 특성을 고려하여 그 민족에게 가장 적합한 문자가 한글이라고 판단되면, 우리가 적극적으로 그 소수 민족어의 문자 개발에 참여할 수 있다. 이때는 물론 문자체계의 개발뿐만 아니라 문자의 정착을 위한 교육 지원까지를 포함해야 한다.

세계를 향한 한글보급을 위해서는 두 가지 활동이 병행되어야 한다. 첫째는, 한글의 우수성을 세계인들에게 알리는 일이다. 한글은 한국어뿐만 아니라 다른 언어의 소리를 표기하기 쉽다는 장점이 있다. 또한 한글은 배우기 쉽고 사용하기 쉬우며, 특히 오늘날의 전자문화시대에 활용하기에 가장 적합한 문자이다. 그러나 한글이 아무리 많은 우수한 특성이 있더라도 이런 사실을 우리만 알고, 소수민족에게 문자를 보급하는 일에 관심이 있는 세계인들이 모르고 있다면, 한글은 소수 민족어를 위한 문자로 활용되기 어렵다.

둘째는, 국제사회에서 한국의 정치적·경제적·문화적 위상을 높이는 일이다. 역사적으로 세계를 제패했던 강대국의 문자만 차용되어왔다. 19세기 동남아 국가들의 로마 알파벳 차용이나 20세기 공산주의와 함께 확산된 키릴 문자도 그 알파벳을 사용하는 국가의 힘이 중요한 요인이었다. 한글이 아무리 우수한 문자라고 하더라도 문자의 우수성만으로는 다른 민족들이 한글을 사용하도록 설득하는 동인이 될 수 없다. 한글의 우수성이 실질적인 설득력을 가지려면, 대한민국의 문화와 경제력 그리고 정치력의 신장이 필수적이다. 또한 그 힘을 제3국들을 돕는 데 십분 발휘할 때 가능한 일이다.

네 번째 한글혁명을 준비하며

 세상을 완전히 바꾼 정보혁명이 세 번 있었다면, 우리나라에는 오늘의 한국을 있게 한 세 번의 한글혁명이 있다. 첫 번째는 1443년 세종대왕이 한글 즉 훈민정음을 창제한 일이다. 한글은 560년 전에 발명되었지만, 지금까지 현존하는 세상의 모든 문자 중에서 가장 과학적이고 진보한 문자라는 점에서 한글 창제는 획기적인 사건이다. 비록 한글이 공식문자로 채택되거나 실용화되지는 못했지만, 560년 후 21세기 정보사회를 주도하기에 전혀 손색이 없는 문자를 발명했다는 사실만으로도 오늘의 한국의 발판을 만드는 일대 사건이다.

 두 번째 한글혁명은 1894년 고종이 한글을 국가의 공식문자로 선포한 사건이다. 이 사건은 세종대왕의 한글 창제에 비하면 크게 주목받지 못했다. 그러나 고종의 칙령으로 사멸 위기에 있던 한글이 극적으로 회생할 수 있었다는 점에서 제2의 한글혁명이라 할 수 있다. 서구 열강과 중국과 일본의 제국주의라는 외압이 점점 강력해지던 19세기 말에 만약 한글이 국가의 공식

문자로 인정받지 못했다면, 오늘날 한글은 완전히 사멸되고 한반도에서는 로마 알파벳이나 키릴 문자를 사용하고 있을지도 모른다. 비슷한 시기를 경험했던 몽골과 중국을 보면 이것이 무리한 상상이 아니라는 것을 알 수 있다. 현재 몽골은 키릴 문자를 사용하게 되었으며, 중국은 로마 알파벳을 이용하여 병음표기를 하고 있다. 비록 19세기 말 고종이 한글을 공식문자로 선포한 이후에도 국한문혼용이 대세를 이루었지만, 고종 칙령은 우리 국민 모두가 한글의 존재를 확실하게 인식하고 인정하는 계기를 제공했으며, 일제 강점기 동안 조선인들에게 정체성을 흔들림 없이 유지하게 하는 기반을 마련해주었다.

세 번째 한글혁명은 1988년 『한겨레신문』이 한글전용과 가로쓰기 체계를 바탕으로 창간된 것이다. 1894년 고종 칙령도 있었고 대한민국 정부가 수립되던 1948년 '한글전용에 관한 법률'도 공포되었지만, 국한문혼용은 20세기 말까지 한반도에서 지속되었다. 한글전용은 오늘의 한국이 누리는 초고속의 정보공유와 민주화 확산의 필수 조건이었다. 이와 같은 한글전용을 꺾을 수 없는 대세로 자리매김하게 만든 사건은 주요 일간신문들이 세로쓰기 체제를 가로쓰기 체제로 바꾸고 한글전용을 실시한 것이었다. 『한겨레신문』의 한글전용은 그 당시까지도 매우 보수적이던 다른 주요 일간지들에 큰 영향을 미쳤으며, 1994년 『중앙일보』가, 1998년 『동아일보』가 전면 한글전용과 가로쓰기 체제를 채택하면서 드디어 한반도에서 진정한 의미의 문자 민주화와 정보의 기계화가 실현되었다.

한글은 560년 전에 창제되었지만 공식적인 문자로 인정받기까지 450여 년이 걸렸다. 그리고 국가의 공식문자로 인정받았지만, 실질적인 한글전용이 이루어지기까지 다시 약 100년을 기다려야 했다. 마침내 신문을 포함한 다른 모든 분야에서 한글전용이 실시됨으로써 실제로 한글이 한국의 공식 문자이자 실용문자가 된 것은 단지 20여 년 전의 일이다. 한글이 탄생한 후 오늘의 부흥에 이르기까지 조선인들의 안목이 부족하여 560년이라는 긴 세월이 걸렸지만 한글의 생명력이야말로 한글의 우수성을 증명하는 가장 확실한 증거이다. 지구상의 어떤 문자도 400년 이상 거의 사장되어 있다가 다시 살아남아 오늘의 한글처럼 활발히 사용되는 문자는 없다. 조선 왕조 시대에 400년 이상 홀대를 겪으면서도 한글이 살아남을 수 있었던 이유는 무엇보다도 한글이 누구나 쉽게 배울 수 있는 진보된 문자였기 때문이다. 광복 후 50년이라는 짧은 기간 동안 한국이 한글로 이루어낸 경제성장과 민주화는 한글의 우수성을 증명하는 두 번째 증거이다. 또한 21세기 전자정보 시대에 세상의 어떤 문자보다도 효율적으로 정보교환을 처리하며 최첨단의 정보화를 실현시키고 있는 한글의 실용성이 세 번째 증거이며, 인류가 발명한 세계 최상의 알파벳이라는 세계 언어학자들의 찬사는 그다음이다.

늦었지만 대한제국이 한글을 공식문자로 채택하고, 더 늦기 전에 한반도에서 한글전용을 실시함으로써 오늘의 한국이 가능했다. 오늘날 우리는 역사 이래 한반도에서 가장 번영하는 시대를 누리고 있다. 경제적으로 전 세계 11위, 정치적으로는 세계에서 가장 민주화된 국가 그룹에 속한 것으로 국제적인 평가를 받고 있다. 그러나 여기가 우리의 끝일 수는 없다. 지금까지의 이야기는 한국과 한글의 세계화를 위한 이야기의 시작일 뿐이다. 20세기에 한반도에서 새롭게 시작된 올바른 출발은 풍성한 결과를 위한 전제조건이었다. 이제 전 세계가 경험하고 있는 제3의 정보혁명의 시대에 살고 있는 우리가 한국을 넘어 아시아와 세계에까지 영향을 미치는 또 한 번의 도약을 시도해야 할 시기이다. 오늘의 한국이 있었던 이유는 한글이 있었기 때문이다. 하지만 앞으로의 한국은 이 한글을 얼마만큼 잘 이용하는가에 따라 달라질 것이다.

이제 한국의 국제화, 한글의 세계화를 향한 제4의 한글혁명을 이루어야 할 시기이다. 물론 세상의 정보를 공유하기 위한 제4의 한글혁명의 출발점은 우리 자신부터이다. 한글만 남을 미래에 한자로 되어 있는 문화유산을 한글로 공유할 수 있는 기반을 만드는 일도 남았고, 한국인들이 세계의 정보들을 한글로 교환할 수 있는 기반을 구축하는 일도 남았다. 그리고 한글의 실용성을 세상에 알리는 일도 남았다. 더불어 가능하다면 비실용적인 문자 때문에 제3의 정보혁명 시대에 어려움을 겪는 주변의 민족이나 국가가 한글을 사용할 수 있도록 도와줌으로써 정보의 민주화를 함께 누리는 일도 남았다. 제4의 한글혁명의 성공은 한국에서, 그리고 문자의 한계를 경험하고 있는 더 많은 나라들에서 한글을 이용하여 정보교환의 효율성과 민주성을 얼마만큼 확대시키느냐에 달려 있다.

그리스 알파벳이 서양의 민주문자였다면, 한글은 동양의 민주문자이다.

한글은 한국인의 자긍심의 근원이 될 모든 요소를 담고 있다. 한글은 그리스 · 로마 알파벳을 포함한 세상의 어떤 문자보다도 과학적이고 경제적이며 민주적이고 독창적인 문자이다. 한글은 역사 이래 한민족이 발명한 가장 위대한 발명품이며, 인류 전체가 지금까지 보유한 것 중에서도 가장 위대한 문화유산이다. 한글은 세계 어디에 내놓아도 손색이 없는 우리나라 최고의 문화유산일 뿐만 아니라, 앞으로 그 역할이 남아 있는 귀중한 재산이다. 우리는 한글의 존재에 대하여 충분히 자긍심을 느껴도 좋다. 이 최고의 발명품을 통해 자신감을 회복하고 이것을 최대한 활용해야 한다. 한글은 우리가 활용하는 그만큼의 효과를 낼 수 있는 최고의 도구이다. 남은 것은 다시 한 번 최첨단 도구를 실제로 사용할 우리의 안목과 능력이다.